思想觀念的帶動者
文化現象的觀察者
本土經驗的整理者
生命故事的關懷者

Holistic

探索身體，追求智性，呼喊靈性
攀向更高遠的意義與價值
是幸福，是恩典，更是內在心靈的基本需求
企求穿越回歸真我的旅程

COSMIC MEMORY

宇宙記憶

地球與人類的阿卡夏史前紀錄

（收錄主禱文的奧義研究）

魯道夫・史坦納（Rudolf Steiner）——著

胡因夢——審修

默然——譯

目次

第一部
宇宙記憶
COSMIC MEMORY

【第一章】
靈性科學映照下的當代文明

最近幾十年間關注人類科學發展進程的人們，想必都感受到了行將發生的一場巨大變革。當今日的科學家論及所謂的「存在之謎」時，他們的說法已經和不久之前的相當不同了。

十九世紀中葉左右的一些最具有膽識的學者們，從當時最先進的研究成果得出一個結論，認為科學唯物主義是唯一可信的學術綱領。當時有句流傳甚廣的直白「名言」：「大腦產生思想，如同肝臟分泌膽汁」。講述這句話的卡爾·沃格特（Karl Vogt）在他的《盲信與科學》（*Köhlerglauben und Wissenschaft*）和其他作品中宣稱，精神性的活動以及靈魂在神經系統和大腦中的運作，完全類似於物理學所闡明的鐘錶指針運行機制，除此之外的一切解釋均已過時。

路德維希·畢希納（Ludwig Buechner）所提出的「力的

守恆與物質不滅性」觀點當時被學術界奉為真理，我們可以說科學研究帶給人們的強而有力印象，讓一些有獨立思考能力的卓越心智更加堅定了其唯物主義信念。不久之前人們透過顯微鏡觀察到生命體最小的聚合單位——細胞；地質學這門研究地球演化的學科也探索出至今仍被沿用的法則和結論；承諾完全以自然方式解釋人類起源的達爾文主義更是在學術圈暢行無阻，其盛況令許多人以為它似乎已擊潰過去的那些「老舊信念」。

但這樣的情況逐漸起了明顯的變化。雖然仍舊有不少落伍的人，例如在 1903 年的科學家大會中堅決擁護唯物主義的拉登伯格（Ladenburg），但也有越來越多的人開始以不同的方式反思和檢視這類科學主張。

海克爾派的生理學家麥克斯·弗沃恩（Max Verworn）在其作品《自然科學與世界觀》（*Naturwissenschaft und Weltanschauung*）中寫道：「事實上，即使我們能瞭解與精神活動相連的大腦皮層中每一個細胞及纖維的生理活動，即使我們可以像解析鐘錶的運作一樣熟稔頭腦的機制，我們都只能理解到原子運動的層次。無人能看見或認知到那些感覺和想法是如何在頭腦機制中產生的。持唯物主義觀點的人試圖追蹤精神活動的運作模式，最終也只落回到原子運動的層次，此結果無疑證明了其效力的局限性。至今唯物主義觀一直未能解釋清楚原子運動下最尋常的感官活動，而之後它也依舊無法做到。僅憑著將大的機體物質化分為細小成分的方式，不可能得知那些感官無法覺察到的事物，例如人類的精

神活動。原子仍然屬於機體的物質層面，因此原子運動無論如何都無法串聯人的物質世界和精神世界。不論作為一項科學假說的唯物主義在結構化學領域取得了（也將繼續取得）多麼豐碩的成果，都無法成為宇宙觀的立論基礎——它的視野太過於局限。哲學唯物主義已經完成了其歷史任務。它企圖構築科學宇宙觀的嘗試已經永遠失敗。」因此，二十世紀初的某位科學家論及了一種被十九世紀中葉的人宣稱為新福音的概念，這種概念強烈要求科學的進一步發展。

十九世紀的五〇至七〇代可以稱得上是唯物主義最盛行的時期，它對精神及靈性活動的「物化」闡釋深深影響了當時的社會。人們對唯物主義的擁簇聲浪蓋過了對靈性宇宙觀的宣導和探索，連一些不具備科學素養的人也加入了其陣營。

當畢希納、沃格特、摩萊肖特（Moleschott）等學者堅持採用純科學認知方式時，大衛‧弗里德利希‧施特勞斯（David Friedrich Strauss）也開始透過其著作《古老與嶄新的信仰》（*Alten und neuen Glauben*, 1872），試圖以他所積累的神學及哲學理念構建新福音真理的地基。數十年前他以一本《耶穌的生平》（*Das leben Jesu*）引起了轟動和熱議，而他似乎是那個時代具足了完整神學與哲學基礎的人。

他大膽地指出唯物主義對宇宙現象及人類的詮釋必須成為新真理法則的基礎，以及道德理解和存在形成的依據。人類純粹是由動物祖先進化而來的這個觀念似乎已成為新的教條，在那些科學哲學家的眼中，任何對人類種族靈性一靈魂

起源的探索視角，基本上都是過時的無需再庸人自擾的迷信。

文化歷史學家們也加入了對唯物主義科學的聲援。他們以原始部落的風俗文化及觀念為主題，對挖掘出的史前動物遺骸和滅絕的植物印痕等原始遺跡進行了大量研究，結論是人類最初在地球上出現時和高等動物只有些許差異，今日他在心智與精神上的顯赫地位也純粹是動物性的演化成果。

那個時段裡的每樣事物似乎都能在唯物主義的宏偉建築裡適得其所。在時間概念的威迫之下，一位忠誠的唯物主義者曾如此寫道：「對科學的勤勉探究使我開始能夠平和地接受一切。我可以耐心地承受生命不可避免的痛苦，並且為減少人類苦難的事功獻出一己之力。我已經不像那些輕信的心，還需要藉由什麼妙方來獲得荒誕的自我安慰，因為我的想像力通過文學和藝術得到了最美好的鼓舞。當我徜徉於一場偉大的戲劇場景時，當我跟隨一位科學家的腳步遨遊於其他星球、遠足於史前大陸時，當我在高山之巔讚美自然的壯麗、在華美的音調和色彩中崇敬人類的藝術造詣時，難道沒有得到足夠的提升嗎？難道還需要和一些相反的思想辯駁，從而獲得自我證明嗎？許多虔誠之人所恐懼的死亡與我毫無關係。我知道當我的肉體毀壞之後，又會像出生前一樣不復存在。我完全沒有人類對煉獄、地獄的恐懼。死後我將回到無垠的大自然裡，她會慈愛地擁抱她的每一個孩子。我的人生並非毫無意義，因為我已悉數善用自己的力量。當我離開地球時將懷著堅定的信心，相信所有的事物都會變得更美

好。」（庫諾‧弗萊丹克（Kuno Freidank），「論對知識的信仰：一種以全然忠實於生命的方式描繪出的有益發展途徑」）許多像庫諾一樣在那段時期堅定追隨唯物主義的信徒們，至今仍然抱持著這樣的想法。

然而，一些試圖維持最高科學探索精神的學者們則開始提出不同的觀點。首次提出的對物質主義的回應，是在 1876 年於萊比錫召開的「德國自然科學家與醫生大會」中，由著名科學家杜布瓦－雷蒙（Du Bois-Reymond）做出的演講：「論科學的局限」。他試著證明科學唯物主義除了能探知物質最小粒子的活動之外，沒有任何其他的功能，而他強烈要求唯物主義應恪守其效力本分，瞭解到它對人類心智及精神活動的闡釋毫無助益。杜布瓦－雷蒙的見解如何或許是見仁見智之事，但確實可以看出他對唯物主義企圖解釋整體宇宙的質疑和反對，同時也顯示出某些科學研究者對唯物宇宙觀已經喪失信心。

然後唯物主義開始放低身段，承認自己對屬靈世界是「無知的」。它一方面想保有「科學」頭銜，但又不甘願向其他知識體系求援，以提升自己進入高層世界的探索。科學家拉烏爾‧弗朗斯（Raoul Francé）近來也採取綜合論證的方式，闡述了科學研究在構建高層宇宙觀上是不合宜的。這部分的內容我們會在後面的章節裡繼續探討。

越來越多的事實顯示，僅憑著對物質現象的探究是無法建立有關靈魂之科學的。主流科學開始「被迫」去研究一些「異常的」靈魂現象，例如催眠術、暗示治療、夢遊症等

等。但是對於真正在深思的人而言，只是從表層去解讀這些現象的唯物視角已經顯得徹底不合宜。這些議題並非近年來才為人所熟知，早在十九世紀初期之前，已經有學者研究此類現象，但是在那個被唯物主義思潮統轄的年代裡，它們被擱置到一旁，劃為了容易帶來麻煩的議題。

逐漸地，人們越來越清醒地意識到主流科學以往建構的根基竟是如此薄弱，甚至連物種和人類起源的解釋也開始面臨質疑。「物競天擇，適者生存」曾經是自然科學界最響亮的口號，而現在人們開始明白追隨這樣的見解等於在跟從妄想。

於德國弗萊堡大學創辦動物研究所的魏斯曼（Weismann）透過其研究證明，有機體為適應外在環境而獲得的性格特質是無法遺傳給後代的，亦即物種不可能透過遺傳產生蛻變[1]。許多人將物種進化完全歸因於「生存競爭」，認為「物競天擇」是一切演化的真理並推崇「自然選擇的全能性」，但是一些追求無庸置疑之事實的學者們卻堅決主張「生存競爭」根本不存在。他們為了顯示這個概念無法解釋任何現象，而提出了「自然選擇的無力性」此相反觀點。

在過去的幾年裡德·弗里斯（de Vries）通過實驗也證明，物種是可以產生躍進或突變情況的，於是達爾文主義者信奉的「動植物種的演化皆是緩進的」說法被動搖了。人們

1　譯註：這一結論駁斥了當時達爾文主義的「獲得性遺傳說」。

在數十年間構建起的科學根基漸次於腳下瓦解和消失。

一些有見地的科學家們甚至在更早之前已經意識到，科學必須放棄原本立足的土壤。其中有位早逝的科學家羅爾夫（W. H. Rolph）曾經在 1884 年的著作《生物學問題探索與理性倫理發展初探》（*Biologische Probleme, zugleich als Versuch zur Entwicklung einer rationellen Ethik*）裡寫道：「只有推出『貪求無厭論』，達爾文主義的『生存競爭』一說才可能成立。只有在這樣的假設之下，生物才會在維持現狀的需求之外，盡可能地攫取更多的資源。對達爾文主義者來說，只要物種不面臨生存威脅，生存競爭就不存在。對我而言這種掙扎卻是無處不在的。它最主要的是一種為了生命的增長而付出的努力，並不僅僅是為了生存。」

在此起彼伏的質疑聲中，一些明辨情勢的學者們開始坦言：「唯物主義思想並不適合用來構築人類的宇宙觀。如果僅僅立足於此，那麼對於精神和靈性現象我們就詞窮理盡了。」今日已有許許多多的科學家在探尋全然不同的科學觀，以重建自己對整個宇宙的認識。我們只需回顧植物學家萊納克（Reineke）的著作《世界是一種行為：自然科學基礎上的世界觀概要》（*Die Welt als Tat: Umrisse Einer Weltansicht Auf Naturwissenschaftlicher Grundlage*）便可窺見一斑。然而，這些科學家們並未徹底脫離唯物主義思想的浸染，他們從新的唯心主義視角延伸出的理論是不夠充分的，只能在短時間內說服自己，但無法滿足那些想要深究宇宙之謎的人。這些科學家無法接受那些發自內心的默觀探索途徑，他們對「神祕

學」、「靈知」、「神智學」之類的字眼深感恐懼。

這種恐懼和排斥是顯而易見的，前文中我們提到的弗沃恩（Verworn）便曾經在他的作品中這樣寫道：「科學正在發酵。那些我們認為無比清晰和確鑿的事實已經變得混濁不清。原本以為久經考驗、可以不假思索地沿用的符號和理念，也開始被重新檢視和質疑。科學的基本概念，例如對物質的認識等已經受到衝擊，昔日堅實的科學地基也在日漸動搖。某些問題如堅石般難解，以往所有的科學嘗試和努力都被粉碎了。在這些問題面前，失望者們開始無奈地投向神祕主義的懷抱，這一向是飽受折磨、看不見出路的人類心智最後的避難所。但是，一些更為理智的科學家們開始尋找新的符號和途徑，從而構建起能夠久經考驗的嶄新科學。」從這段話我們可以看出，由於科學家們概念化思考的習慣，因此他們所理解的探向「神祕學」，其實暗示著理智已經墮入混亂和迷茫。

這樣的思考方式會錯失靈魂生命多麼遼闊的真相啊！在上述這本書的最後作者寫道：「遠古人類為了理解死亡而將肉體與靈魂進行了劃分。他們認為當肉體死亡後，靈魂會離開它獨自存在。它們找不到棲息之所，於是變成鬼魂回返原處，直到在埋葬儀式中被斥逐為止。人們多年來飽受著這種恐懼和迷信的折磨，而這些舊時的觀念一直流傳到我們當下的年代裡。對死亡和死後世界的恐懼在今日是很普遍的現象，但精神一元論對這個現象的看法又是多麼不同。由於個體的精神經驗只能在肉身和心靈達成規律的連結時才發生，

所以只要受到一點干擾就會中止，如同日常生活中經常出現的情況那樣。死亡所帶來的肉身變化會讓這份連結徹底中斷。『個體』不再有知覺、概念、想法或感受——『個體』靈魂已經死亡。雖然如此，那些知覺、想法和感受本身卻仍然存在著，它們可以超越個體的短暫存在，於他人的存在中得到延續，只要相同的條件複合體出現了。它們穿梭於個體之間、世代之間、人際之間，在靈魂永恆的織布機上來回穿梭，不斷地效力於人類精神史的演化。因此我們每個人都會在死後續存，成為連結人類精神發展巨鏈的紐帶。」

但這和個體肉身消解後仍然對他人產生影響的餘波有何不同？個體靈魂是否只剩下這樣的影響力？這種殘存的情況是否和其他所有現象一樣，甚至包括物理性質也會存續下去？

因此，我們發現唯物主義已經不得不開始自我解構和重建，但如果僅憑一己之力，它也只可能繼續身陷更嚴重的困境，只有奠基於對神祕學、神智學和靈知的正確理解，才能建立起真正客觀的人類科學。幾年前於盧貝克召開的科學家大會中，化學家奧斯特瓦爾德（Osterwald）提出了「唯物主義的升揚」口號，為此他創立了一份嶄新的、致力於自然哲學研究的學術期刊。科學已經準備好接受更高層宇宙觀的滋養，所有的抗拒都毫無用處了，因為我們必須考慮到飢渴的人類靈魂最深的需求。

【第二章】
來自「阿卡夏紀錄」的訊息（前言）

　　藉由通行的歷史學資料，我們僅能獲悉人類史前史的一小部分。這些資料只闡明了人類漫長發展歷程中幾千年的情況而已。考古學家、古動物學家和地質學家們教給我們的東西其實十分有限。另外有一點也非常重要：一切奠基於外在證據的觀點或論述都是不可靠的。我們只需要回顧一下那些不算太久遠的例子，看看每當有新的歷史證據被發現時，先前的相關事件或人物的描繪是如何被修改的。

　　只要對比不同的歷史學家對同一事件的描述，我們就會發現當前的歷史學基礎有著怎樣的不確定性了。經由感官所覺知到的一切外在事物全都受限於時間，而時間也會摧毀那些源自於它的事物。從另一個角度來看，歷史依靠的也是那些在時間中被保存下來的證據。即使這些證據看起來令人滿意，但無人能確保最本質的部分被存留了下來。

　　所有在時間中顯化出來的事物皆源自永恆，但永恆無法被人類覺知到，儘管如此，通向它的大門一直向人敞開著。他可以發展那些沉睡於他內在的力量，由此而體悟到永恆的世界。有幾篇登在《周期》這份刊物中，標題為〈如何獲得對更高層世界的認識？〉（Wie erlangt man Erkenntnisse der hoheren Welten?）的文章 [1]，便提到了這部分能力的發展。

　　我在這些文章中也談到，當一個人以文中建議的方式拓展其感知力時，便可能洞見到感知無法觸及的歷史事件，時間無法摧毀的無形紀錄；他將不再受限於歷史知識的外在證據。

　　他從瞬息即逝的歷史滲入到了永恆的歷史中。事實上，這些歷史是以不同於一般的史記文字記錄下來的。在靈知主義和神智學中，它被稱為「阿卡夏檔案庫」。我們的語言只能十分模糊地解釋這個概念，因為語言能呼應的僅僅是感官能及的世界。語言一經表達便已受制於我們的認知。對於尚未被更高層智慧所啟蒙的人來說，藉由自身經驗的確很難被說服有另一個屬靈世界的存在，而那些已受啟蒙的入門者也很容易被視為幻想家，如果他們不是被賦予了什麼更糟的稱謂的話。

　　一個能洞見到屬靈世界的人自然會知道過往事件的不滅本質。他眼中的那些往事並不是死氣沉沉的古老見證，而是以「活生生」的狀態在躍動著。某種程度上可以說，歷史在

1　　這些文章在 1909 年於柏林以書的形式出版。

他的面前重演著。

那些已被啟蒙而開始「閱讀」這些生動劇本的人們，可以追溯至比人類的外在歷史要久遠多的遠古史。他們藉由直接的靈性洞見對當時的歷史進行了更準確可信的描述。為了避免可能發生的誤解，我必須申明靈性洞見並不是毫無謬誤的。這種洞識力也可能犯錯，以不夠精確、有偏差或錯誤的方式被運用。這個世界上沒有人是永遠正確的，無論登上了怎樣的高度。

因此，每當看到一些由不同靈性管道所獲取的資訊彼此不相吻合的時候，我們也不必過於反對此種探索方式。可以確定的是，由靈性洞見取得的訊息的可靠度，遠遠大於由「正常」感知力所搜集到和認定的那些外在證據。不同的已啟蒙者所獲知的有關人類歷史及史前史的資訊，基本上說法都是一致的，而且這樣的歷史和史前史在一切密修學派（mystery schools）中都有相關記述。幾千年來這些記述的一致性程度，甚至令那些身處同一世紀卻仍在互爭長短的歷史學者們望塵莫及。這些已徹底領受啟蒙的人們在不同時空所傳述的訊息，基本上內容都是相同的。

在這些介紹之後，我們將分享阿卡夏紀錄中的幾個篇章。首先要描述的是在現今的美洲與歐洲之間曾存在過的亞特蘭提斯大陸所發生的事件。地球上這個現今是海洋的區域曾經是一片陸地，而現在它已經成為大西洋的海床。柏拉圖（Plato）提到過那塊陸地的遺跡——波塞冬島，它位於歐洲及非洲大陸的西部。在斯科特 - 艾略特（W. Scott-Elliot）所

著的《亞特蘭提斯和消失的勒姆利亞大陸》（*Story of Atlantis and the Lost Lemuria*）一書中，讀者可以瞭解到大西洋的海床曾經是一整片陸地，它見證了一個古老文明大約一百萬年的興衰史。可以確定的是，那個遠古文明與我們現今的文明截然不同，而那塊大陸最後的遺跡於西元前一萬年左右沉入了海底。

本書中我們會對斯科特 - 艾略特所講述的內容進行補充。他在書裡側重地描寫了亞特蘭提斯人所經歷的外部事件，我們則會細述他們的靈性特質和外在經歷底層的內在本質。

因此讀者朋友們，你們可以試著想像一個距離我們有一萬多年的古老文明，已經在之前延續了大約一百萬年。這古老文明不僅生發於現今大西洋海域所覆蓋的那片陸地上，還發生在現今亞洲、非洲、歐洲和美洲大陸的臨近地帶。這些地區後續出現的事件皆是由此遠古文明發展而來。

今天我仍須對這些資訊的來源保持沉默。如果你們能夠對這些源頭的事跡有所瞭解，就會明白我這麼做的原因了。但也可能很快會有一些打破這種局面的事情發生，而人們也將開始瞭解在神智學運動的背後究竟蘊藏著怎樣的知識和智慧。不過，這完全取決於我們當代人對這些事情的態度。

接下來讓我們翻開這古老宇宙記憶的第一個篇章。

【第三章】
我們的亞特蘭提斯祖先

　　遠古亞特蘭提斯人與現代人的差異遠遠超出我們的想像，這是因為我們的認知全然受到了感官的限制。這些人類先祖與我們的差異不僅體現在外貌上，更呈現在心靈能力上面。他們的知識、技藝乃至整個文明，都和我們今日能夠觀察到的截然不同。

　　回溯至亞特蘭提斯最早期的階段，我們會發現當時的人類有著和我們相當不同的心智能力。現今社會的一切生產所仰仗的邏輯推理和數學結合律，是早期的亞特蘭提斯人完全不具備的才能。他們擁有的是高度發達的記憶力，這是他們最為突出的智能之一。舉例來說，亞特蘭提斯人不像我們一樣能學習特定的數學法則或進行運算。那時的人們並不知道什麼是「乘法口訣表」，也沒有人會背誦三乘四等於幾，但是當他們遇到像現代人這樣需要進行運算的情況時，卻同樣

有能力應對，因為他們能憶起以往發生過的、與此相同或類似的情景。他們仍舊記得先前的情景中事物是如何運作的。

而我們必須知道每當有機體發展出新的能力時，某項舊的能力就會喪失原本的效力和敏銳度。相較於亞特蘭提斯人來說，我們現代人的邏輯推理和演算結合能力變得更強，但記憶力的部分卻退化了。亞特蘭提斯人是圖象[1]式思考，現今的人則是概念式思維。當一幅外在圖景映入亞特蘭提斯人的內在心魂（soul）時，他會憶起許許多多曾經歷過的類似場景。他是透過記憶來引導自己產生判斷的。

出於這種思考方式的差異，亞特蘭提斯人的教育也和後來的有所不同。他們不會提供孩子們各種規範法則或磨礪他們的理性邏輯，反而會以生動圖象的方式將生命呈現給孩子們，這樣在日後遇到相似情景時便可憶起足夠多的事物來。當孩子成年後獨立面對生活而必須採取行動時，往往能靠著這些記憶順利過關。但是面臨嶄新的狀況時，亞特蘭提斯人則不得不依靠實驗。這一點對我們現代人而言卻是駕輕就熟的事，因為我們的頭腦已經裝備了各式法則，可以輕易地在新環境中運用。

亞特蘭提斯時期提供給所有人的教育系統是一成不變的，因此在很長的一段時間裡人們都在重複著以往做過的事。他們的記憶是如此堅實可靠，以致於沒有為新事物的發

1　　譯註：以下譯文，請留意「想像」與「想象」、「圖像」與「圖象」、「意像」與「意象」的區分，前者帶有人文意味，後者更傾向於和大自然的交感，以及顯現出遠古文明期的初始之象。

展留下空間，這與我們現今社會的飛速進步是完全不同的。當時的人們只做他們過往「見過」的事，人們並不發明什麼而只是憶起。在當時的社會環境裡，一個學識淵博的人通常不會被視為權威，只有那些生命經歷足夠豐富而有著深厚世間記憶的人才會受到敬重。在亞特蘭提斯時期一個人除非已到達特定年齡，否則是無權決定重大事務的——人們只對那些能夠回顧生命久遠經歷的人有信心。

但是這種依循年齡的判斷標準，對於當時的一群特殊人士來說並不適用；他們乃「亞特蘭提斯的已啟蒙者」。這些已啟蒙者是超前於所處時代的發展階段的。若想獲准進入他們的密修學院，決定性的因素並非候選者的年齡，而是此人在過去世已經擁有的獲取更高智慧的能力。亞特蘭提斯人對這些已啟蒙者及其代表們（representatives）的信心，並非基於個人生命經驗的豐富度，而是他們所承襲的智慧的古老程度。對於這些已啟蒙者來說，個性如何不再重要，因為他們完全效力於永恆的智慧。也正因為如此，他們身上不帶有特定歷史時期的集體特徵。

儘管亞特蘭提斯人（尤其是早期亞根族人）不具備邏輯思考能力，但是在他們高度發達的記憶中卻有著某種力量，這種力量使得他們所做的每件事都能產生不尋常的效果。這種本質性的力量可以跟其他所有的力量結合。記憶力比邏輯推理能力更貼近人的深層自然基底，因此伴隨著記憶力的發展，一些和次級自然存有（subordinate natural beings）連結得更為密切的能力，也被亞特蘭提斯人發展了出來。換句話

說，亞特蘭提斯人擁有了可以控制「乙太生命力」的能力。

就像今天的人們可以從煤炭中提取熱能並將其轉化為機械動能一樣，亞特蘭提斯人也懂得利用有機物胚芽期所蘊藏的能量為其科技服務。我們可以試著經由下面的描述來想像當時的情景：

一粒穀物種子的內核中蘊藏著一股能量，這股能量促使根莖從核中萌發生長。大自然可以喚醒這沉睡於種子中的勢能，現代人卻不能隨意使其發生。我們必須將種子植入泥土裡，然後寄望大自然的力量能喚醒它。但亞特蘭提斯人卻擁有不同的能力，他們知道如何把一堆種子中蘊藏的力量轉化為科技能源，如同我們開發和利用一堆煤炭中所儲存的熱能一般。亞特蘭提斯人種植作物不僅僅為了食用，也為了開發其中的能量供給工商業用途，就像燃燒煤炭轉化其熱能一樣，他們可以「燃燒」作物的種子，將其中蘊含的生命力轉為科技用的能源。當時可短距離飄浮於地面上的飛行器便是由這樣的能源所驅動。這些飛行器是在低於亞特蘭提斯山脈高度的範圍內航行的，而轉向裝置可以幫助它們飛越山脈。

讓我們想像一下在時間的長廊中，地球的狀態已經發生了巨變。上述的飛行工具在現今的地表環境下是完全無法運作的，因為當時地球的大氣密度遠高於現在。縱使現今的科學理念可以輕易設想出亞特蘭提斯更高密度的空氣狀態，但必須注意的是這種科學推理方式並不能作為確知此類事實的途徑，理由是科學與邏輯思考永遠無法斷定何者可能、何者不可能；它們唯一的功能是解釋那些已被經歷和觀察所確定

的事。上述的大氣密度一事在奧密體驗（occult experience）中乃確定無疑的事實，如同現今我們通過感官能夠覺知到的任何現實一樣。

同樣可以確定的還有另外一件事，它可能令現代物理學和化學領域的人士更為費解。當時整個地表的水比現今要稀薄許多，由於這種稀薄性，當時的水可以經由亞特蘭提斯人使用的胚芽能量予以引導，然後應用於科技服務當中，但就現今而言這樣的技術是不可能實現的。由於水密度的升高，現代人已經無法像亞特蘭提斯人那樣，以無比靈巧的方式對其進行移動和導引。

經由上述的這些事實我們想必已充分感受到，亞特蘭提斯文明基本上與現代文明是截然不同的。不難想像當時人身的物質屬性也和現今的不同。亞特蘭提斯人攝入水以供體內固有的生命力使用，和現今人類的物質身吸收水分的方式有很大差異，也因為如此，他們才能夠有意識地利用體內的能量。可以這麼說，他們具有在必要時提升體內物理能量的功力。為了對此有一份準確的理解，我們必須知道亞特蘭提斯人對疲勞和能量損耗的概念與我們是相左的。

可想而知亞特蘭提斯期的聚落也和現今的城市形態完全相左。與現代人遠離自然的群居情況正好相反，當時人類聚落裡的所有事物仍處於和自然融為一體的狀態。我們舉一個和當時的情景較為接近的比喻，在亞特蘭提斯初期（大約是第三亞根族中期），人類的聚落就像是一座座花園似的。人們居住的房屋是以樹木的枝幹精巧編織而成，手中所造的一

切皆源於自然，同時也感覺和自然息息相關。因此，當時人們的社會意識也和我們有所不同，畢竟大自然對每個人來說都是公有的。當時的人們認為依自然而建的一切事物均屬公有財產，就像現代人認為自己所造的皆源於自身的獨創性和才華、應該被視為個人財產一樣。

對亞特蘭提斯人具備的精神及物質能力有所瞭解之後，我們便可進一步感受到在亞特蘭提斯之前更為久遠的年代裡，人類生活的圖景中只有一小部分與我們現今的相似。在時間的長河裡，不僅僅是人類，連同周遭的自然界也都經歷了巨大變化。動植物的形態以及整個地表環境都在改變，一些曾經有物種棲居的地區遭到了毀滅，另外的某些區域則存留了下來。

亞特蘭提斯人的祖先曾生活在一片早已消失的陸地上，其主要區域位於現今亞洲的南部。在神智學的文獻中，他們被稱為勒姆利亞人（Lemurians）。經歷了一系列不同階段的演化之後，勒姆利亞人中大部分成員的發展開始衰落——他們成為了「矮人」（stunted men），而這些矮人的後代至今仍在地球的一些區域繁衍著。他們就是我們所謂的「野蠻部落」。只有一小部分的勒姆利亞人邁向了進一步的演化——亞特蘭提斯人便是由此誕生的。

後來相似的歷史開始重演，亞特蘭提斯絕大部分人逐漸衰敗，另外一小部分則成為了包括現代人在內的亞利安人（Aryans）的祖先。靈性科學將勒姆利亞人、亞特蘭提斯人及亞利安人命名為人類的三個「根族」（Root Race）。在勒

姆利亞之前人類曾歷經兩個根族的演化，而在現今的亞利安人之後，未來我們還會經歷兩個根族的進化。因此，人類總共有七個根族的演化歷程，而且都像勒姆利亞、亞特蘭提斯及亞利安三個根族之間的承襲方式一樣，但身心特質和先前的有著很大的差異。例如，亞特蘭提斯人最突出的部分是發展出記憶力以及和記憶相關的特質，而現階段的亞利安人則是拓展出思維能力以及所有和其相關的特長。

每個人類根族的發展都需要七個階段的演化歷程。初始期的主要特徵仍處於萌芽狀態，爾後會趨近成熟，最終走向衰退。每個根族期的人類又劃分為七支「亞根族」（Subrace），但不要以為既有的會在新的誕生時突然消失，事實上每一支亞根族都能維持長時間的存在，因此我們會發現屬於不同演化階段的人們同時都生活在地球上。

亞特蘭提斯第一亞根族是從勒姆利亞的一群進化潛力很高的領先者發展而來。勒姆利亞人的記憶力還停留在相當初階的狀態，而且是在演化末期才開始出現的能力。我們可以這樣理解，儘管當時的人能夠在頭腦中形成對所經歷事物的想法，但並不能儲存這些想法——他們會立刻忘記剛剛經由頭腦所呈現給自己的東西。雖然如此，勒姆利亞人仍舊生活在一定程度的文明中。他們擁有工具、直立的房屋等等，但這些並非得益於他們自身的概念化發展，而是源自一種本能的心智驅力。需要注意的是，我們不該將這種驅力類比為現今的動物本能，因為勒姆利亞人擁有的是一種截然不同的能力。

在神智學的記載中，亞特蘭提斯的第一亞根族被稱為莫哈爾人（Rmoahals），這個根族的記憶主要是導向生動的感官印象。眼睛看到的顏色和耳朵聽到的聲音，開始在莫哈爾人的心魂中產生深遠的迴響。由此，莫哈爾人發展出他們的勒姆利亞先祖未曾瞭解過的「感覺」，例如對過往之事的依戀。

伴隨著記憶的延伸，人類的語言也開始跟著發展。過去由於人們無法保留以往的記憶，因此也無法藉由語言媒介就過往經歷進行交流。在勒姆利亞的終期，人最初的記憶開始出現，於是為過往見聞之事命名的能力便有了誕生的機會。人們只有在能夠憶起過往的情況下，才得以運用事物被賦予的名稱。

因此，亞特蘭提斯根族期是語言發展的開端。語言在人類心魂和外在事物之間搭起了橋樑。人們開始於內在產生話語（speech-word），而這些話語是對應於種種客體的。透過語言這個媒介人與人也產生了新的交流聯繫方式。的確，莫哈爾人這些能力的發展尚屬早期階段，雖然不成熟，但顯然有別於他們的勒姆利亞祖先。

最早的亞特蘭提斯人在心魂中仍保有和自然原力連結的某種能力。跟後繼的人類種族相比，莫哈爾人與周遭大自然存有的聯繫更為密切，而心魂也比現代人更能夠和自然原力緊密連結。因此，莫哈爾人說出的話帶有大自然的力量。他們的語言不僅可以為事物命名，還能對所指向的事物及人類同伴產生一股作用力——莫哈爾人的語言不僅具有「意

義」，還有「力量」。

「語言有著魔法般的效力」這句現代人常用的比喻，對莫哈爾人來說是十分確切的事實。當莫哈爾人說出一句話時，會產生一股和對應的客體十分接近的力量。所以當時的人類語言是有療癒力的，它們能夠促進作物的生長、馴服狂怒的動物或產生類似的效應。但是在亞特蘭提斯後續亞根族的演化歷程中，這些能力卻逐漸衰退。我們可以說人類逐漸失去了原本旺盛的力量。

莫哈爾人將其旺盛的力量視為大自然的贈予，和自然界的關係也帶有一種虔敬的特質。對莫哈爾人來說，語言是一件尤為神聖的事，他們絕不會誤用那些能夠產生巨大影響的話語。每個莫哈爾人都知道語言上的誤用會給自己帶來巨大災難——原本善意的魔法會淪為邪法，而原本正確使用能帶來祝福的力量，也可能轉而為其不當的使用者帶來滅亡。出於一種情感上的純真無邪，莫哈爾人將這種能力更多歸功於內在的神性而非他們自己。

這種純真的意識在亞特蘭提斯第二亞根族特拉瓦特利人（Tlavatli peoples）身上發生了變化。此亞根族人開始感受到個體的價值，而個人野心這份莫哈爾人所不具備的特質，也開始在特拉瓦特利人身上出現。在這個階段裡人類記憶力的發展，某種意義上轉向了對集體公共生活的認知和記錄。人們開始想要回顧以往的成就，而這必須從集體公共行為的軌跡中識出自己的作為，並且將這些功勞儲存在記憶中。

基於這種對過往行為的回憶，一群共同行動的人們選出

了代表作為領袖，類似於所謂的君主階級（regal rank）。甚至在此人離世後，其地位仍然繼續被認定。由此，人們逐漸生起對祖先以及那些在世間取得功績之人的追懷和紀念。在一些特拉瓦特利人的部落中出現了對逝者的宗教敬奉活動——祖先崇拜。這種尊崇祖先的信仰在後續的人類歷史中綿延深遠，由此衍生出的形式也極為多樣。

在先前的莫哈爾族群裡，一個人受尊敬的程度僅憑其當下展現的能力而定，若想進一步追封過往的成就，此人就必須以新的作為證明自己仍擁有過去的能力。他必須藉由新工作憶起對舊功績的回想，而這些功績並不是為自己立下的。只有到了第二亞根族期間，人們才會在衡量一個人的特質時，開始將其過往的作為考慮在內。

特拉瓦特利人對集體行為的記憶催生了更為深遠的影響——由共同行動的記憶凝聚成的人類群體開始產生。之前人類群體的形成完全取決於自然繁衍以及共同的祖先和血脈，人們不會在自然的群居狀態之外做出自發的改變。然後，一位富有能力的領袖召集一群人完成了一次行動，對於此聯合行動的記憶便催化了一個嶄新群體的誕生。

社會公共生活的雛形在第三亞根族托爾特克人（The Toltec）當中得到了充分的發展。此亞根族人首次創立了我們稱之為社區（Community）的群居形態，而這也成為了構建國家形態的第一步。在托爾特克人的社區之中，治理及領導的權力是世代相襲的。父輩領導者們將存在於同時代人記憶中的歷史、責任及權力留傳給子孫，這樣他們的功績將永

不會被後繼的血脈所遺忘。後世子孫會繼續緬懷祖先偉大的過往。

在此我們也必須意識到，當時那個階段的人類其實有著將自身天賦傳給後代的能力，因為當時的教育是以鮮活的生命圖象來模塑對新生命的認知。這種圖象式教育的有效性取決於教育者釋放出的內在生命力。教育者不會去磨礪學生的思考能力，事實上開發的是學生更為本能的天賦。在這樣的教育體系之下，托爾特克人才得以將父親的才能傳給兒子。

個人的經驗積累在亞特蘭提斯第三亞根族的發展中變得越來越重要。當一群托爾特克人離開舊有群體建立新的社區時，他們會在記憶中帶上過往的經驗，但這些記憶中的經驗並不能完全適用於新環境，於是人們開始嘗試新的事物，由此而奠定的嶄新基礎令社區的境況大為改善。人很自然地會去模仿更佳的範例。神智學文獻所描述的第三亞根族期發展得十分昌盛的社區情況，就是取材自阿卡夏紀錄中的實際範例。在這些社區中獲得成功經驗的個人，大多得到了受靈性永恆法則啟蒙者的支持。當時那些強大的人類統治者們皆已徹底接受啟蒙，所以個人的能力獲得了上界充分的支持。藉由個人能力的不斷改善，這些人逐漸有了受啟蒙的條件。他們必須先在下界完善個人的發展，如此上界的大能才會降臨下來。經由這樣的方式，亞特蘭提斯受啟蒙的國王和領袖開始誕生，他們手中握有極大的權力，並享有著極高的尊榮。

然而，這也為亞特蘭提斯的衰落埋下了伏筆。經驗及記憶力的拓展令當時的個體人格有了卓越的才能，但也開始渴

望擁有某種價值。人們具備的能力越強，便越渴望這股力量
為己所用，由此人的野心逐漸擴張，呈現出了日益明顯的自
私傾向。在這樣的趨勢之下，托爾特克人對自身能力的誤用
開始出現。如果聯想一下上文所描述過的，亞特蘭提斯人的
才能來自於對自然原力的控制，那麼就不難明白，此等能力
的誤用會不可避免地引來災難性後果。人類被賦予的對大自
然的廣泛支配力，竟然被用來服務個體的利己主義。

　　第四亞根族原始突雷尼人（the Primal Turanians）將這
種誤用的傾向推到了頂峰。此亞根族人仍然擁有控制自然原
力的能力，但卻經常將其用在滿足私慾上。人對自然原力的
私用帶來了能量的彼此毀滅，就好像一個人的雙腳執拗地想
要向前，而他的軀幹卻執意後退一樣。

　　這種毀滅式的影響，只有通過發展出更高層次的天賦方
能遏止——這天賦才能便是「思考」。邏輯思維可以抑制
人類的自私慾望，這種能力的發展必須回溯至亞特蘭提斯
的第五亞根族，原始閃米特人（the Primal Semites）。原始
閃米特人不再像以往的亞根族那樣只是單純地從記憶中調取
經驗；此亞根族人開始對不同的經驗進行比較，由此而發展
出「判斷」的能力。他們心中的願望和欲求開始被判斷力規
範。逐漸地，人們開始學習計算，也開始在頭腦中對資訊進
行組合，並嘗試和自己的思想一起工作。如果說之前人類曾
經完全墮入對慾望的追逐，那麼現在的人則首次開始捫心自
問，看看這些慾望能否被自己的想法和判斷支持。不同於第
四亞根族人瘋狂地奔向私慾的滿足，第五亞根族人開始傾聽

他們內在的聲音。這內在聲音時刻檢視著自己的欲求，儘管並不能完全消解自私人格的躁動。

因此，第五亞根族人將外在行動的驅力轉為了向內檢視，人們開始渴望與「何者該做何者不該做」的心聲達成協議。但內在思維能力進步的同時，原始閃米特人對外在大自然的支配能力卻衰退了。他們雖然擁有了上述的關聯性思考力，可以支配礦物界的能量，卻不再能控制乙太生命力。因此可以說，第五亞根族人以失去對乙太生命力的控制為代價發展出了思維能力，但這樣的轉變也為後續人類根族的長遠發展種下了生機。

隨著思考力的誕生人們得以更自由地發展出新的人格特質，譬如「自愛」或是全然的自私傾向。由於人類的思考力完全是作用於內心的，故而不再對大自然產生直接的影響，所以單憑這種能力是不會產生像先前突雷尼人那樣強大的破壞性的。

於是在初步發展出思維能力的第五亞根族人當中，最具潛力的那一部分被挑選了出來，他們在亞特蘭提斯的衰退期中倖存下來，成為了後繼第五根族亞利安人（the Aryan）的祖先。亞利安人的歷史任務乃是完成人類思維能力的徹底進化。

亞特蘭提斯的第六亞根族阿卡德人（the Akkadians）較第五亞根族閃米特人更進一步地發展了思維能力——他們的思考方式更為廣泛周全。

在上文中我們提到過，儘管思考力的發展約束了人類的

自私傾向，使其無法產生如先前那樣的破壞性，但並不能完全消解自私的欲求。原始閃米特人起初只是照著想法的指引來安排周遭事物，然後理智開始逐漸取代慾望和渴求。這樣的轉變為當時的人類生活帶來了諸多變化。

若先前的亞根族傾向於推舉有著深刻影響力或能夠回顧久遠經歷的人為領袖，那麼如今更為人們所信任的，則是那些才智超群的人。對先前的人而言，清晰的記憶力具有決定性的影響，對後繼的人來說，思維的說服力才是最佳才智。在記憶力發揮著主要作用的階段裡，人們會牢牢抱著過往的回憶和經驗，直到發現它們不再適用為止。也只有在這種情形之下，人們才會出於補救的目的而去展開新的嘗試。但是思維能力誕生之後，人類就開始熱衷於創新和變化。每個人都渴望將自己頭腦中的想法付諸實現，於是混亂的情況在第五亞根族人的生活中普遍出現。

到了亞特蘭提斯第六亞根族阿卡德人時期，人們意識到必須藉由集體通用的「法規」來約束個人執拗的想法。之前第三亞根族社區的繁榮是奠基於集體記憶所營造的秩序與和諧，到了第六亞根族期間，這種秩序與和諧開始受到人的理智所制定的法規之保障。因此，第六亞根族期是人類正義和法規源起的階段。

第三亞根族期間族人們的分離只有在「被迫出走」的情況下才會發生，因為有些人對社群過度依靠記憶力而導致的混亂不再感到安全。到了第六亞根族期間，人們脫離原有群體的動機變得相當不同。從思維中拓展出的計算能力使人們

開始謀求新的事物，並驅策著他們去創立企業和新的基礎。第六亞根族阿卡德人因而成為有拓殖傾向的冒險家，尤其是商業的興起，大大促進了人的思維和判斷力的發展。

亞特蘭提斯第七亞根族，原始蒙古人（the Mongols），也同樣在發展思維能力，但早先的亞根族，尤其是第四亞根族的特質在他們身上得到了高度承襲，其程度遠遠超過第五和第六亞根族人。這些原始蒙古人仍然保有著對記憶力的信心，他們深信最古老的才是最明智的，也最能抵禦思維帶來的負面影響。

和先前幾支亞根族的人類一樣，原始蒙古人也失去了對乙太生命力的掌握，但是在他們之內發展出的思考力卻仍舊帶有幾分自然勢能。儘管不再能控制乙太生命力，但他們從未喪失對它直接又天真的信心。這股自然勢能因而成為了他們的神，他們也盡可能代表這位神做出正確的行為。在鄰近族群的眼中，原始蒙古人就像是被這股神祕的力量主宰了一般；他們以近乎盲信的態度徹底臣服於它。這些人的後裔居住在亞洲及歐洲的某些地區，至今仍示現著這份盲信的特質。

植根於人類內在的思考力，只有在後續第五根族的發展歷程中，才能夠接收到新的推動力，達成其最高價值。第四根族亞特蘭提斯人雖然初步發展出了思考力，但也僅能用來服務和記憶力相關的事物，因此只有到了第五根族亞利安人，才得以透過思維工具拓展出更整全的生活方式。

【第四章】
由第四根族邁向第五根族

　　由第四根族亞特蘭提斯人轉化為第五根族亞利安人的歷程，我們將會在這一章裡面揭曉，而後者便是我們當代人所隸屬的根族。只有對何謂「演化至最完善程度」有過思考的人，才能正確地理解此章所要講述的內容。

　　人能夠覺知到的周遭萬物均處於演化的進程中，從這個意義上來講，第五根族人的首要任務乃是發展出此根族特有的思維能力。只有到了這個階段，人類才能循序漸進地讓思考力臻於成熟，開始經由思惟而對某件事情做出決定並將其付諸實行。在先前的亞特蘭提斯期，人的思維能力僅處於準備階段，當時影響著人們意志的並不是自己的想法，而是源於更高等的存有。我們可以說亞特蘭提斯人的意志是被外力所主導的。

　　一旦對人類的演化發展有充分認知，並學著去承認史前

的「地球人」有著完全不同於現今的存在形態，我們便可能對這裡所提到的截然不同的存有們，產生一種大致上的理解。我們即將描述的「人類發展」的早期歷程，是經過了無比漫長的時間才完成的。

之前我們對第四根族亞特蘭提斯人的介紹，乃是以當時絕大多數人的發展狀態為依據的，而他們追隨的是那些能力遠遠超越他們的領袖。這些人類領袖所擁有的智慧以及行使出的力量，均非地球層面的教育所能養成。事實上，他們是被那些不屬於地球的上界存有們賦予了能力，所以多數的人類成員自然會感覺這些領袖仿佛是更高類型的生靈；他們就像神的「使者」一般。這些領袖的所知所能是無法通過一般的感官作用或理性去獲得的，於是人們便將他們奉為「神聖信使」，臣服地領受著他們的要求、命令和指示。

在這一類存有的引領之下，人開始發展出科學、藝術及工具的製作。這些使者們或親自治理人類的社區，或是指導著那些已有充分統治能力的人。相傳這些領袖們曾經與神靈溝通，而且被啟示了人類發展必須遵從的戒律法則。這些傳說都是真實的。在一般人所不知道的地點，這種密契啟蒙、與神界的交流的確發生過。這些啟蒙儀式進行的地點被稱為密修聖殿（temples of the mysteries）。指引著人們前行的正是在這些神祕場域中接收到的啟示。

密修聖殿中發生的一切都是當時的人根本無法理解的，而他們也鮮少能瞭解那些偉大導師們深遠的意圖。畢竟當時的人僅能感知到地球層面直接發生的事，而無法領會那些高

層存有為了地球的福祉所揭示的訊息。因此，這些領袖們不得不以有別於俗事的溝通方式來表達其教誨。在密契啟蒙時神靈與使者們交流也不是採用塵世語言，更不是以世間形貌「現身」。這些高靈往往示現於「火紅的雲中」，並告知使者祂們將如何指引人類。只有人能夠在地球上呈現出人的樣貌，而那些能力遠遠在人類之上的存有們，則必須透過在地球無法被發現的形態來現身。

這些「神聖信使」之所以能領受啟蒙，是因為他們乃人類當中發展最完美的族群。在先前的演化階段裡，他們早已完成多數人後續仍要通過的試煉。他們只有某些部分屬於人類，雖然示現出人的形體，但精神與心智的品質卻屬於「超人類」，因此可以說是「神人混種」。我們也可以說他們是以肉身示現的高層存有，其目標是要協助人類繼續演化。他們真正的家不在地球上。

這些神人指引著其他人類手足的演化，卻無法告知人們這些啟示背後的法則。在亞特蘭提斯第五亞根族的原始閃米特人出現之前，人們完全不具備理解這些法則的能力。原始閃米特人發展出的思維能力就是幫助人類瞭解這些法則的工具，但這種能力進展得十分緩慢，甚至連亞特蘭提斯最後的幾支亞根族人也只能領會其中極少的部分。他們產生的是對這些法則的含糊感覺，因此先前提到的治理體系中的法規和想法，皆是出於猜測而非清晰的思考。

亞特蘭提斯第五亞根族的領袖逐步地為人類的下一階段做準備，以便亞特蘭提斯期衰退之後，人們可以展開完全由

思維能力所主導的嶄新演化進程。

此刻我們需要意識到在亞特蘭提斯的末期，地球上總共有三種類型的「類人存有」（man-like beings）：

前面所提到的「神聖信使」。他們的發展程度遠遠超越大多數的人類手足，他們教導神聖的智慧，完成神聖的使命。

普通人類群體中的大多數。儘管他們擁有一些現代人已經失去的自然能力，但思考力是十分遲鈍的。

一小群正在發展思維能力的人。雖然在過程中逐漸喪失了亞特蘭提斯人擁有的自然原力，但是靠著自身的思惟仍然可以領悟神聖使者們所指出的方向。

上述的第二類人註定會走向衰落，第三類人則可以被第一類存有教導和訓練，以便掌握住未來的方向。

被神祕學文獻稱為摩奴（Manu）的那位導師從第三類人裡面選出了最有能力的一小部分，以便培育出嶄新的未來根族。這群最有才的人存在於亞特蘭提斯的第五亞根族人當中。第六、第七亞根族的思考功能某種程度上已走偏，不再適合進一步的發展了。

因此，這群最有潛力之人的最佳品質必須被發展出來，而方式是透過將他們隔離至地球的特定區域來實現目標。摩奴將這群被選中的人們帶到了亞洲內陸，在那裡他們才能避免受那些發展滯後或走偏之人的影響。

這位人類領袖賦予自己的重任是將他的這一小群追隨者們，從迄今為止僅能模糊感知神聖指引而無法清晰理解和辨

別它們的狀態，培養至能夠在心魂中透過自己的思惟去領會這些法則的意含。人類由此將會「認出」以往無意識地跟隨的神聖力量本身。這些神靈迄今為止一直通過祂們的信使在指引著人的發展，而現在人類將靠著自己的能力去「確知」祂們的存在，並且要學習將「自己」視為執行天意的器官（organs）。

這群被分離出來的族人接著面臨了一項重大抉擇。他們的領袖一直以來都是以人的樣貌生活在他們當中，傳達著「何者該做、何者不該做」的指令。他們得到的指引是來自於感官能夠覺知和瞭解的科學。人們模糊地知道世界背後有股「神聖的控制力」，並且在自己的行為之中感受到了它，但尚未對其來龍去脈產生任何清晰的認識。

於是他們的領袖開始以迥然不同的方式教導他們。摩奴告訴人們眼前所能見到的有形事物皆是由無形力量牽引的，人本來是這些力量的侍者，現在則需藉由自己的思維能力來領會和完成其旨意。

人們因而親聞超自然神聖力量的存在，明白了無形的屬靈力量是有形物質結構的創造和守護本源。迄今為止他們一直聽命於那些能夠見得到的信使，那些超越人類的已啟蒙者，並且透過和這些使者的交流獲悉何者該做、何者不該做。但是現在，他們被認為已具備資格，可以藉由眼前的這位使者來認識神本身。這位人類領袖向他的追隨者們反覆教導的話語是如此有力：「至今為止你們雖然能親眼見到那些帶領你們的人，不過仍然有更高層的引領者是你們從未見過

的。你們真正隸屬的是祂們。你們要履行祂們之中的那位無法得見的神的要求，『遵從』那位無法按你們的形象塑造出來的神的旨意」。

嶄新的至高律令經由這位偉大領袖之口被明確地傳達了出來。它要求人們尊崇一位無任何感官意象足可模擬，因此也就不可能被塑造出來的神。而這第五根族期偉大的基本律法也是下述這則名訓的原型：「不可為自己雕刻偶像；也不可作什麼形象仿佛上天、下地和地底下、水中的百物……」（《出埃及記》20：31）。

領袖摩奴當時在其他信使的協助下開始推動嶄新的演化佈局；這些神聖信使們負責執行特定分支領域的規劃。摩奴的構想是：按照新的靈性理念來重新安排人類的生活。整體人類的思想都要從有形導入無形之境。

生命是被大自然的力量所影響和決定的。人類生命的進程依賴的是白晝和黑夜、冬寒和夏暑、陽光和雨露的循環。這些深切影響著人類生活的有形事件是如何與無形神聖力量產生關聯的？人又該如何依循這些無形的法則來安排自己的生活，調整自己的作為？這些問題被一一帶至他的面前。所有的求知與勞作都要立足於對這些神聖法則的探求上。在星辰和氣候的變遷中人將洞見神的律法，那是源自於神的智慧啟示。有關天文與氣象的知識因而被傳授出來，人類開始依循這些神聖的智慧法則來安排自己的勞作，規範自己的道德生活。人的生活開始有規律地按聖戒行事，就像在星辰的運行軌跡和氣候變遷中，宇宙的神聖意旨被人們探究著一樣。

只有在奉獻的行為中不斷淬煉自己，人才能完成上界所賦予的天命。

　　將生命中所有的事物都導向更高的境界乃摩奴的原始意圖。所有活動的開展或機構的設立，都要帶著一種虔敬的靈性特質，摩奴準備依據這個目標來啟動第五根族人的演化使命。此根族人將學著運用自己的思維能力來引領自己的行為，但這樣的自我決定傾向，只有在視自己為高層力量的服務者時，才可能導向完全良善的結果。因此，人類開始運用自己的思考力，但這份能力必須透過對神聖本源的奉獻來得到聖化。

　　然而人的思維能力自亞特蘭提斯第五亞根族誕生之後，在發展過程中也衍生出一些與最初使命有所不同的內容。自某個時段起，人類開始擁有某種知識和某些才藝，但這種知識和這些才藝與摩奴設定的真正使命並無直接關聯。從起源來看，它們其實毫無虔敬特質，人之所以會納入它們，只是為了滿足私利或其他的個人需求……[1]

　　此類知識中的一項乃是對「火」的運用。亞特蘭提斯初期的人類並不使用火，因為他們能支配的乙太生命力已足夠所用。隨著時間的推移，人類對乙太生命力的控制能力變得越來越弱，而不得不學著從所謂「無生氣的物體」中製造出工具和器皿，也因此開始嘗試利用火。人對其他自然力量的運用也跟著盛行起來，但卻意識不到背後的神聖源頭——不

1　「現在」還不能公開討論「這種」知識和「這些」藝術的來源。因此在這裡，阿卡夏檔案中的一段內容必須被刪節。

過這也是註定要發生的事。人不再被任何外力「驅使」，以便將這些服務於自身思維的事物連結上宇宙的神聖秩序。人開始憑著自己的想法自願地趨近於祂，而摩奴的意圖正是要把人引到那個節點上——出於全然的獨立和內在的渴望，人將會連結宇宙更高層的秩序。人類可以選擇將自己獲得的洞識力單純用於滿足己利，或是虔誠地服務於更高層的世界。

先前人被外力驅使而視自己為宇宙秩序中的一環——例如無需運用思惟就被賦予了乙太生命力的支配權——如今則可能在未將思想導入神聖秩序的情況下，去開發和運用大自然的力量。

在摩奴聚集的那群人當中，其實只有一小部分完全認同他的決定，從這為數不多的族人中他培育出了下一個人類根族的苗種。為了支持他們更為長遠的發展，摩奴和他們一同隱退，剩餘的那些跟隨者又回去和其他的族人一起生活。

最後聚集在摩奴身邊的這一小撮人成為了現今一切文明的先祖。基於上述的原因，第五根族期的整個演化歷程都貫穿著兩種不同的人性特質：一種專屬於那些被高層意識滋養和活化的人，他們視自己為宇宙神聖力量的孩子；另一種則是將所有事物都用來服務自我的個人利益。

剩下的這一小群跟隨者們一直聚集在摩奴周圍，直到充分領受了新的靈性發展要旨，有能力去到其他的族群中，將嶄新的精神傳遞給那些由先前的種族延續下來的人類同伴們。嶄新的精神在不同族群中示現出大異其趣的特質也是很自然的事，因為不同的領域會發展出多樣化的能力。群體留

傳下來的舊有特質開始和摩奴使者們帶來的創新要旨糅合，各式各樣的新文化與新文明因而誕生。

因此，摩奴身邊的圈子裡最有才的人被揀選出來，以便拓展摩奴神聖智慧的間接漸進啟蒙方式。如此一來，這些人便成為了其他人類的導師。過去由神聖信使創立的啟蒙傳統中增加了一種新的類型，它是由發展了塵世思維能力的人所促成的，而先前的神聖信使們，包括摩奴在內，並未經歷這樣的成長——他們的發展隸屬於更高層的世界。那些使者們將高層智慧引至地球的環境中，他們給予人類的是「來自上界的禮物」。

在亞特蘭提斯中葉之前，人尚未達到以己身之力去「領略」神聖法則的那個節點，而現在人類將會進入這種狀態。塵世層面的思考方式將躍升至對神聖本源的理解。這些已啟蒙者憑著自身的思維能力實現了和本源的連結，而這也意味著人類發展歷程中的一項重大革命。

最早期的亞特蘭提斯人未曾有機會去判斷其領袖是否為神聖使者，因為這些領袖的成就已充分示現出高層力量的作用；他們的行為本身就帶著神聖源頭的印記。因此，亞特蘭提斯的使者是透過他們所施展的能力來見證神的，他們周身都環繞著被賦予的大能所帶來的壯麗光輝和異彩。從外表上看來，這些後續的已啟蒙者似乎是普通人中的一員，但其實仍保有著與高層世界的連結，並領受著神聖使者賦予他們的啟示和示現。只有在非常特殊的情況下，當有來自於高層世界的旨意和傳達的必要性時，這些已啟蒙者才會行使一些被

上界賦予的大能。當時他們所施展的能力是已知的法則無法解釋的，因此人們自然會視其為奇蹟。

這一切都顯示出，高層存有的意圖乃是要促使人靠自己去充分拓展思維能力。現今的已啟蒙者是人類和高層力量之間的中介，只有通過了高階啟蒙的人才有能力和神聖使者們直接交流。

這些已啟蒙者、神智的教導者們在第五根族期的初始，成為了其他人類同伴的領袖。歷史中未被提及但傳奇裡一直講述的史前大祭司王（great priest kings），便隸屬於這些已啟蒙者之列。後來越來越多高層神聖使者們從地球上隱退，他們將自己的領導權留給了那些已啟蒙者，但仍舊在訊息及行動上予以指引和協助。如果不這麼做，人類將永遠無法自由地運用思維能力。

這個世界是在神智的指引下運作的，但人不會被迫去承認這一點，而是會透過自由的反思去認識和理解祂。當演化達到這個節點時，那些已啟蒙者就會逐漸向他透露他們所保守的祕密。這種轉變不會在頃刻之間全然發生。整個第五根族期的演化發展便是通往此目標的緩進旅程。

起初摩奴像對待孩子般地帶領著他的追隨者們，然後將領導權逐漸轉移給那些已啟蒙者，但人的發展進程仍處於有意識和無意識的行為及思惟相互混合的狀態。只有在第五根族期的末尾，當人類完成第六、第七亞根族的演化之後，才會有足夠多的人認知到更高層的世界。屆時已啟蒙者當中最偉大的那位就會向人們公開揭示他自己。

　　屆時這位已啟蒙者將會像第四根族期結束時的摩奴一樣，成為人類首要的領袖。因此，第五根族人要親身經歷的成長和教誨就是：絕大多數人都能夠自由地追隨一位人類摩奴，如同此根族最初的祖先曾跟隨神聖摩奴一樣。

【第五章】
勒姆利亞根族

在這一章裡面，我們會講述阿卡夏檔案中的一段相當古老的史前紀錄。這個時期是在上述的亞特蘭提斯根族之前示現的。那是人類演化的第三根族階段，在神智學書籍的記載中，此根族人棲居於勒姆利亞大陸一帶。依照這些書中的描述，勒姆利亞大陸位處亞洲南部，約從錫蘭（斯里蘭卡）延伸至馬達加斯加。現今的南亞及非洲部分地區也在此遠古大陸的範疇內。

儘管破解阿卡夏紀錄的過程中我已悉盡謹慎，但在此我仍須申明這些解讀的內容並無教條式的論斷成分。如果說對距今如此久遠的史前紀錄進行解讀已屬不易，那麼將所見轉譯為現代用語的過程，則是面臨著幾乎無法逾越的障礙。

具體的時間刻度會在之後給出。只有對勒姆利亞期和第五根族至今的演變歷程有整體認知之後，我們才可能對這些

時間刻度有更準確的理解。

現在開始我們所要講述的內容，可能會令那些初次接觸這類事物的神祕學者們感到吃驚——儘管用「吃驚」一詞來描述並不完全精準。總之，我們只有在進行了最縝密的檢視之後才能談論它們。

第四根族亞特蘭提斯人的先輩們被稱為勒姆利亞人。在勒姆利亞根族的發展歷程中，出現了對地球及人類演化而言影響最重大的事件。在這裡我們會先講述這些事件發生後此根族人的特質，然後才會論及先前的部分。大體而言，此根族尚未發展出記憶力，雖然當時人類已經能夠對事物和事件產生一些簡單的概念，但是這些概念無法儲存於記憶中。因此，當時的人類尚未產生真正意義上的語言。他們能夠發出的是自然的聲音。這些聲音表達著他們的感覺、快樂、喜悅、痛苦等等，但並不指向特定的外在客體。

儘管如此，勒姆利亞人的念想中卻有著一股與後繼人類十分不同的力道。借助這股力量，勒姆利亞人可以使其作用於他們所處的環境。其他的人類、動物、植物甚至缺乏生氣的物體，都能感受到勒姆利亞人的念想力，並且單純地被牽引著。因此，勒姆利亞人無需語言便能與其他人類同伴溝通。他們的溝通是在一種「讀心」（thought reading）的過程中進行的。

勒姆利亞人的念想力是直接從周圍的環境裡汲取的。這股力量由植物生長的能量和動物的生命力中向他流淌而來。透過這樣的方式，勒姆利亞人懂得了植物與動物的內在活動

和內在生命，甚至以同樣的方式知曉了無生氣的物體中存在的物理及化學勢能。當勒姆利亞人想要構造某個建築物時，並不需要去計算一根樹幹的承重限制或是石頭的重量，因為他可以看見樹幹的承受力，以及眼前這塊石頭就其重量而言適合放在哪裡或不適合放在哪裡。因此，勒姆利亞人的建築活動並非基於工程力學的知識，而是奠基於他們的想象力；他們的想象力是在一種本能的確知之下運作的。

甚至在相當大的程度上勒姆利亞人還能控制自己的身體。當情況需要時他們可以憑著意志增強自己手臂的力量，例如當時的人憑著意志就能舉起千鈞重物。如果說之後的亞特蘭提斯人得益於對自然力的控制，那麼勒姆利亞人最為精湛的技藝便是意志力上的運用了。他們是——此表述不該被曲解——下界人類活動所有領域中的天生魔法師。

勒姆利亞根族期的演化目標乃是意志與想象的發展，當時的兒童教育和訓練便是基於此目標設定的。男孩們在最嚴苛的訓練方式中成長而變得冷酷堅強，他們必須學著去經驗危險和克服疼痛，完成一些十分大膽的行為。那些無法忍受折磨或無法穿越危險的人，將不再被視為有用的成員。他們會被遺留下來，消逝在痛苦的試煉中。阿卡夏紀錄中所呈現的當時人類養育及訓練兒童的方式，可以說超越了當代人最大膽的想像所能及。對高溫甚至灼熱火焰的忍受，用尖銳的物體刺穿身體等等，都是相當常見的訓練過程。

然而，勒姆利亞人對女孩的養育方式則有所不同。儘管她們也要經歷意志的打磨，但其他一切訓練都是為了使

她們發展出強大的想象力。她們被置於風暴之中，學著平靜地感受眼前景象令人生畏的美；她們必須無懼地目睹男性們搏鬥，而只在內心裡生起對堅強和力量的欣賞。夢想（dreaming）和織幻（fantasy）的傾向因而在女孩的內心發展起來。這些特質有著十分重要的意義。由於當時人的記憶力尚未出現，所以這些傾向和特質不太會退化。女孩們這樣的夢幻傾向和想象力只在有相應的外界因素時才會存續，於是她們便有了對應外在事物的現實認知基礎；她們不會在無底深淵中迷失自己。可以這麼說：是大自然的流幻本質被注入到女性的靈魂中。

在演化到達最後階段之前，勒姆利亞人並沒有我們現今意義上的「住所」；他們生活在被自然賦予生存機會的地方。人們起初只在必要時才去修整和擴展所使用的洞穴，後來開始懂得建造這樣的洞穴而發展出很高的建築技藝，但這不意味他們沒有能力造出更精巧的建築物。那些建築物並非為了滿足居住的需要。在最早的時段裡，勒姆利亞人的築造活動是出於想要為自然事物塑形的願望。丘陵被重塑為令人喜悅和歡愉的樣式，石塊的堆砌也是基於同樣的目的，或是為了滿足某些人類活動的用途。上文中我們提到的孩子們接受磨練的場所，便是由石牆堆砌環繞起來的。

隨著演化歷程向終期推進，勒姆利亞人用以培育「神聖智慧和藝術」的教化場所，也變得越來越宏偉壯麗。這些聖所完全不同於後人的寺廟，因為它們同時還具有教育和傳授科學的功能。那些被認為符合條件的人會在這些聖所中接受

啟蒙，同時被授予有關宇宙律法的科學以及該如何掌握和運用它們的知識。如果說勒姆利亞人是天生的魔法師，那麼這種天賦便是在這些聖所中被培育成了藝術及內在的洞識力。但只有那些經歷了一切磨練、有能力在最大程度上克己自律的人，才會被准許進入其中。對其他的人而言，在這裡進行的一切都是最深的祕密。

人們在此透過對自然原力的直接默觀（direct contemplation），學習著去瞭解和控制它們。事實上自然原力一旦被轉化為意志力，人就能夠將大自然的成果實行出來。當時的人類不像後來的人發展出了反思和計算的能力，他們仍然停留在一種「本能」式的活動中。但我們不能將這裡的「本能」和常說的動物本能等同視之，因為勒姆利亞人的成就遠遠超越了動物經由本能所實現的任何事；他們甚至也超越了後續的人類憑著記憶、推理和想像在藝術及科學領域的成就。用一種便於理解的方式去形容勒姆利亞人的神聖教化所，我們可以稱之為「培養意志力與想象式靈視力的人類學院」。

從這些聖所中出現了一些人，這些人成為了各個方面的治理者。我們很難用現代語言確切地描繪當時的情景，因為自那時起地球上所有的事物都改變了。當時的自然界和人類的生命都有別於現在的，勞作方式以及人際關係也和現今的概念有著極大差異。

當時的空氣和亞特蘭提斯時期的相比要厚重許多，水則更稀薄一些，而那些形成今日地球堅實地殼的物質，在當時

尚未變得如此堅固。動物界只發展出了兩棲類、鳥類和低等
哺乳動物，植物界則出現了狀似今日的棕櫚樹及其他同類植
物的物種。所有的物種形態都有別於現在的。如今以矮小樣
貌存在著的物種，當時發展出了巨大的外形。勒姆利亞期
的蕨類植物曾經是形成浩瀚林海的大樹，高等哺乳動物當時
並不存在。大多數人類成員的發展仍處於相當低階的狀態，
以至於不得不將他們劃定為動物。先前對勒姆利亞人的描述
只是針對著一小撮人，其餘的大多數人則是過著動物般的生
活。這些「動物人」的外貌和生活方式都和其他那一小撮人
迥然相異。這些人與低等哺乳動物並無顯著差異，外形上與
後者的某些部分也有相似之處。

在此我們必須對前文中談到的聖殿的重要性做進一步的
補充。在這些聖所中培育的並非真正的宗教，而是「非凡的
智慧與藝術」。在此接受啟蒙的人往往會感覺收穫的是來自
屬靈力量的直接餽贈。他會視自己為這些神聖力量的「侍
者」，感覺自己從所有非靈性的事物中得到了「聖化」。若
是從宗教的視角來描述，我們可以稱當時的信仰為「培養意
志的教派」。當時的人之所以會發展出虔誠的特質和奉獻的
行為，是因為將自身被賦予的能力看成了一種莊嚴神聖的
「奧密」。人們守護著這些奧密，過著不斷聖化自己力量的
生活。

擁有這類能力的人當時得到了其他人極高的敬畏和尊
崇。這些敬畏與尊崇並非源自對律法或類似力量的重視，而
是出於崇拜這些人在當下施展的法力。那些未被啟蒙的人

自然會受到已啟蒙者魔法般的影響，而後者也自然會視自己為「被聖化的人」，因為在其聖殿中這些已領受啟蒙的人能直觀到大自然的乙太活力。他們能洞見到大自然神聖造物的「運化」過程，體驗到和宇宙建造師、神聖存有們的神交。我們可以稱這樣的交流為一種與神之間的連結，後續發展出的「啟蒙」或「祕儀」便是由這最初的人神交流演變來的。在後繼的歷史中神與人的交流不得不採取其他方式，因為人類的想象力以及靈魂的形式出現了變化。

在勒姆利亞根族的演化歷程中發生了一些特別重要的事情。這些事情的產生起因於當時的女性是以前文描述過的方式在生活著，她們因而發展出特殊的能力。女性與自然連成一氣的想象力為人類的思想生命（the life of ideas）更高階的演化奠定了基礎。她們將大自然的力量攝入內在，在其中她們感受到了心魂的後置作用，於是人類的記憶力開始萌芽，形成最初始的道德觀的能力也誕生了出來。

在陽性元素中發展著意志力的男性對上述的轉變一無所知。他們本能地跟隨著自然的驅力，或是追隨著那些已受啟蒙之人所釋放的影響力。

人類最初的「善惡」觀念是源自於女性的生活態度。人們開始喜愛那些在自己的想象中留下特殊印象的事物，並且厭惡起其他的事物來。當時，男性的掌控力更多被導向和意志相關的外在行動，或是對自然原力的操縱，從陰性元素中則發展出個體心魂和源自內在力量的行為。我們只有認清人類意象創造力的進展最初是由女性推動的，才能正確地理解

人類的演化發展歷程。在人的演進過程中,與想象力、記憶力的形塑、律法生活及道德雛形的建構有關的部分,完全都源自於女性。如果說男性見證並行使出了本然的力量,那麼女性就是這些力量最初始的解讀者。

經由心魂的反射映照作用,女性構建起了一種嶄新又特別的生活方式,這種生活方式較男性而言帶有著更豐富的個體性。雖然它有別於陽性的意志魔法,但我們仍需將女性的這種能力想象為一種靈視力。女性連結了另一種靈性力量,這股力量訴諸於個體靈魂中的感受元素,對男性所屬的普世靈性本質涉入較少。因此,男性的行為示現出「本然的普世神性」(natural-divine),女性則更多地詮釋著「個體靈魂的神性」(soul-divine)。

女性於勒姆利亞期所經歷的內在發展,使得她們在下一個亞特蘭提斯根族出現時被賦予了重要角色。這嶄新根族是在各個已高度發展之存有的影響下誕生的。這些存有熟知人類種族的形成法則,而且有能力將人類天性中現有的力量引至能夠催生新種族的演化路徑上。後續我們會對這些存有進行特別的介紹,這裡暫時形容他們擁有著超越人類的智慧和能力。這些超人類存有們從勒姆利亞人中分離出一小群人,將他們選定為即將到來的亞特蘭提斯根族的祖先。這一小群被分離出來的人生活於地球的熱帶區域,在超人類存有的指引下,其中的男性接受了控制自然原力的訓練。他們十分強大有力,知道該如何從地球掙得各式各樣的珍寶,也懂得如何耕種土地並藉其果實維生。在他們所承受的最嚴苛訓練之

下，他們成為了擁有超強意志的人，但個體心魂的發展仍處於相當初階的狀態，而另一方面，這些部分的特質則在女性身上發展了起來。記憶、幻想及所有相關的能力都在女性身上慢慢顯露出來。

前文提到的人類領袖推動著一小群人的成長，然後又分化成更小的群體。他們任命女性來負責這些群體的管理和建設。藉由記憶力的幫助，女性知曉了該如何讓過往的經驗和探索有利於未來的發展。她們將過去被驗證為有益的事物應用於今日，並且意識到它們在未來仍將帶來助益。女性由此而建立了人類公共生活的制度，在她們的影響之下，人類對「善與惡」的概念也開始發展出來。

女性透過冥思的習慣獲得了一種對自然的理解。當她們觀察大自然時，有些點子會在內心生起，於是她們便依照著它們來指引男性的行為。人類的引領者們之所以如此安排，就是希望借由女性的心魂特質，來促使男性恣意的天性和充沛的力量變得更崇高精煉。當然，這一切的演化都還處在稚嫩的初始階段。需要注意的是，我們現今所使用的語言陳述方式，很容易偏向從現代生活的角度去理解一切。

透過女性個體靈魂生命的發展，人類的引領者們開始推動男性靈魂生命的拓展。在我們提到過的這一小群勒姆利亞人的棲居地中，女性的影響力因而變得十分巨大。人們若想瞭解自然的徵兆和啟示，往往得尋求女性的幫助，不過當時女性靈魂生命的整體運作仍受制於「隱祕的世界靈」力量。用一種不夠準確但已十分接近的方式來描述的話，當時的女

性是處於一種夢遊式的冥思狀態。在一些更高層的夢境裡，大自然的祕密向她們揭示出來，而她們也從中接收到了行動的驅力。所有的事物在她面前變得栩栩如生，並以靈魂的力量和幻影的形態向其一一展露。她們忘我地沉浸於這幅由世界靈的力量所織成的神祕畫作中，驅使她們行動的則是「內在的聲音」，由植物、動物、山石、風雲、樹木的低語所傾吐給她的祕密。

在這樣的心魂狀態下人類宗教最初始的雛形誕生了。大自然和人類生活中的屬靈力量逐漸得到了人們的尊崇和禮敬。一些女性開始擁有特別顯著的影響力，因為她們能夠從格外奧妙的深處來轉譯宇宙蘊含的祕密。

這些女性的內在世界由此產生了重要的蛻變：鮮活地存在於她們之內的力量化成了一種自然語言。人類最初的語言是在一種近乎歌唱的狀態下誕生的。由於思考的能量被轉化為可聽見的聲音，於是自然的內在韻律便經由這些「智慧」女性之口表達了出來。人們開始聚集在這些女性的周圍，於她們詩歌般的話語中，感受著源自於高層力量的密語，而這樣的場景也是人類敬神的源起。

對當時的人們來說，「感知」這些話語時並不會出現什麼問題。聲音、語調和韻律都被聆聽者接收了。他們不會在聽見這些聲音時進行任何想象，而只是將其中的力量吸收到自己的心魂中。這整個過程都是在更高層引領者的帶動下展開的。他們用音律啟示了這些「智慧」女祭司們，儘管我們對此處所說的啟示方式還不能做出太多說明。經由這樣的過

程，女祭司們就能對男性的心魂起到崇高化的作用。我們可以說，通過這樣的方式，人類真正的個體靈魂生命有了首次的覺醒。

關於這部分的細節，阿卡夏檔案為我們呈現了許多美妙的畫面。在其中的一幅畫卷裡，一群人正身處於一片森林當中，緊鄰著一棵參天大樹。太陽剛剛從東方升起。在形如棕櫚的巨樹周圍，其他的雜木皆被移去，只剩下它遼闊的樹蔭。一位女祭司端坐在一張由稀有的自然物所製成的座椅上，她面朝東方進入了至樂狀態。緩慢而饒有節律地，一連串奇特的重複誦唱聲從她的口中流露了出來。許許多多的男人和女人圍坐在她的身邊，他們的表情看似沉醉於幻夢中，從聽聞到的音聲裡汲取著內在生命力。

在阿卡夏檔案裡也可以看到別的景象。在一個佈局相似的環境裡，一位女祭司以類似的方式「唱誦」著，但她的音調更強而有力。周圍的人們跳起了富有節奏的舞蹈，而這其實是另一種「靈魂生命力」進入人類內在的方式。人們以肢體動作模仿著從自然女神（Nature）那裡聆聽到的神祕韻律，由此而感受到女祭司內在源於大自然的神聖力量。

這一小群勒姆利亞人所居住的區域尤其適合後繼種族的培育，在當時仍十分動盪的地表環境中，他們所在的區域已經變得相對平靜。勒姆利亞大陸是充滿著動盪的。那時地球尚未擁有像後來一樣的密度，薄弱的地表四處可見充滿著破壞力的活火山，岩漿從或大或小的火山中噴發出來，而且其破壞性活動一直持續不斷。當時的人們已習慣於做所有事情

之前要把這劇烈的影響力估算在內，同時也懂得把這天然的
火能量應用到勞作和發明中。當時人類從事的勞作活動大多
以此天然能量為基礎，如同現代人造火所扮演的角色一樣。

　　正是這樣的火山活動導致了勒姆利亞大陸的毀滅。不
過，那群擔負著繁衍後繼根族任務的人們，由於生活的區域
氣候十分炎熱，所以總體上還能適應火山帶來的的影響。

　　相較於其他的地表區域，人的本質可以更加平靜安然地
在這裡展露出來。過往偏遊牧的生活方式逐漸被人捨棄，取
而代之的是越來越多的人開始定居下來。

　　我們必須知道，當時人的物質身仍帶有高度可塑性和柔
軟的特質，它隨時能順應內在生命的變化而改其外形。之前
人類在外貌上的差異還是很巨大的。那時地域和氣候帶來的
外部影響仍舊是人類形貌的決定性因素，只有在我們所提到
的那一小群勒姆利亞人的棲居地中，人身才得以越來越成為
內在靈魂生命的表達載具。這群人已經有了進一步的演化，
所以外形上顯得更高潔一些。我們必須這麼說，經由那些引
領者的努力，首次創造出了正宗的人類形體（the true human
form），而此項變化是相當緩進的。它的發生需要先拓展出
人的精神生活，然後依舊柔軟可塑的身體便能調整自身，以
適應內在的狀態。人類的發展有著這樣一條規律：隨著演化
的推進，人對其物質身的形塑影響力會變得越來越小。事實
上，人的這副肉身是在推理能力的發展歷程中，以及在岩
石、礦物、金屬等等的硬化過程中，獲得了今日不再變易的
形貌。在勒姆利亞甚至亞特蘭提斯時期，岩石和金屬都較後

來柔軟許多。

現今所存續下來的勒姆利亞和亞特蘭提斯末期的後裔，其身形和後來的人類一樣是固化的，這個事實與我們上面所講述的內容並不矛盾。這些存續下來的後代需要適應已遭巨變的地球環境，所以其物質身變得更為堅實，而這也正是他們衰敗的原因。他們並沒有從內部轉化自己，相反地，由於未充分發展的內在生命被迫從外在開始固化，於是被強制地帶向了停滯。這種停滯是一種真正的衰退，因為對內在生命而言，被封鎖在一付堅實的肉身結構裡，是得不到充分滿足和施展的。

動物的生命甚至更容易產生變化。我們之後會講述人類發展初始便存在的動物物種，其源起以及人類誕生後新的動物形態的發展。在這裡我們先暫時瞭解一下，現存的動物物種會持續地蛻變，而新的物種也在繼續形成中。這是一種漸進的轉化過程，部分原因是棲居地以及生活方式的改變。

動物對新的生存境遇有著極其快速的適應力。它們富於可塑性的身體能夠相對快速地改變其器官狀態，所以只需要一小段時間，特定物種的後代與其祖先的相似之處就會變得十分微少。這種狀況在植物身上甚至表現得更為明顯。對於人和動物的蛻變過程來說，最主要的影響力還是來自於人類本身。但人究竟是出於本能而將有機體帶入特定環境、使它們呈現出某種樣貌，還是透過養育過程中的實驗達到了這個結果，無論答案如何，人所帶來的影響力都是最主要的。

與現今相比，當時人對自然的轉化力是無比巨大的。這

種情景在上述的那一小群勒姆利亞人的棲居地中展現得尤其明顯。那些高層引領者是以人們無法意識到的方式在推動著此種蛻變。某種程度上，當這一小群人為建立不同的亞特蘭提斯根族而離開居住地時，同時也帶走了一份高度發展的、有關動植物的養殖知識。亞特蘭提斯人拓展出來的農耕勞工階級，本質上就是他們所帶來的這份知識的成果。此處我們必須再次強調，勒姆利亞人帶走的這份知識具有一種直覺特質。亞特蘭提斯最初的族群一直維持著這種直覺本能。

之前所描述的女性心魂的卓越影響力，在勒姆利亞末期尤為顯著，並且持續地影響著亞特蘭提斯期，而這也是第四亞根族人準備展開其演化篇章的階段。我們不要以為當時所有的人都經歷了這個過程，事實上只有那一小群孕育出更高階人種的族人，真正受到了女性的強烈影響。這股影響力在人類「無意識」領域中的作用最為明顯。一些固定不變的動作姿態；感官知覺能力的精微化；對美的感受；一般人所共有的知覺和感受——這一切都是從女性的心魂影響力中產生的。如果以下述的說法為阿卡夏調查報告做註解，應該不算是過譽：「那些文明城邦既有著外在的形態和表達，也有著肉身—靈魂生命的基底，而這基底是由女性所奠定和烙印的。」

我們會在下一章裡回溯人類更早期的發展階段。那時地球上的人都屬於同樣的性別。然後，我們會開始講述人類化分為兩性的演變歷程。

【第六章】
性別的分化

　　先前章節所描述的人類形貌與現代人是十分不同的。退回到更早之前這種差異顯得更為巨大，因為我們所熟悉的男女兩性形態是隨著時間的推移，才從一種古老的無性別區分、亦即兩性兼具的基本形態演化而來。若想對這些無比久遠的史前情況產生一些瞭解，就必須從慣常的概念裡先解放出來。

　　現在我們要回溯的是比勒姆利亞中期略早一點的階段。那時人的身體仍然是由柔軟易塑的物質所構成，地球上其他的形成物也都是柔軟富伸縮性的。那個階段的地球仍處於一種持續湧動的流體般狀態，與之後全盤硬化的情況是迥然相異的。那時人的靈魂體現成了精微物質，所以很容易使其順應自己，可以說形塑的能力遠遠超越後繼的人類。靈魂之所以呈現出男性或女性的身體，是由於地球外部的自然勢能促

使其中的一種驅力加諸靈魂之上所致。當地球的塑形物質尚未變得堅硬時，靈魂還能夠驅使它們遵從自己的法則。它塑造出的身體是符合自己本質印記的。但是當物質開始變得密實之後，靈魂就不得不屈從於地球的外部自然勢能加諸物質的法則。只要靈魂仍然有能力掌控物質，所構成的身體就是非男非女的，但同時又兼具著這兩種特質，因為它既是男也是女。靈魂的陽性元素與所謂的意志有關，陰性元素則與想象有關。

然後堅硬地殼的形成導致了人身開始呈現出單一性徵。偏男性特質的身體演變為由意志決定的形貌，女性的身體則攜帶了想象的印記，於是同屬男女的雙性靈魂開始入住男性或女性的單一性別體內。演化進程中的人體形貌這時已經由地球外部的自然勢能所決定，因此靈魂不再可能將全副內在力量注入其中。靈魂必須保留一些精力在自己內部，然後讓一部分能量流至外在軀體上。

如果繼續閱讀阿卡夏檔案紀錄，我們會清晰地看到下述的情景。在一段遠古的時期裡，人類的形貌是十分柔軟易變的，完全不同於後來的人；他們自身中仍均等地帶著男性和女性特質。隨著時間的流轉，地球的形塑物質變得越發密實，人身也跟著呈現出兩種樣貌，一種開始趨近於後來的男人外形，另一種則類似於女人。在這種差異尚未出現時，每個人都能自體繁衍出後代人類。對當時的人來說，受孕並不是外在的過程，而是發生於自體之內的一件事。隨著身體演變為男性或女性，它便逐漸失去了這種自體受孕的能力，而

必須和另外一副身體合作以繁衍出新的後代。

　　性別的分化發生於地球邁入密實化的某個階段裡。物質的濃密狀態抑制了繁衍力的一部分，而那部分仍然活躍著的能量，需要的是另一個人所提供的相反原力來得到外在的補足。靈魂不得不將先前能量的一部分留在自己體內，無論男女皆是如此，因為它無法在物質化的外境裡繼續運用這些勢能。被導向內在的這部分精力無法再向外顯化，故而被釋放於內在器官的形塑中。

　　人的演化至此迎來了一個重要節點。先前被稱為靈性的思維官能在人的存有中無法再找到「容身」之處，因為沒有任何可以施展其功能的器官了。之前靈魂用盡自己所有的能量去建構身體，現在無用武之地的那部分外在能量，開始和靈性大能產生連結。經由這份連結，人體才得以發展出日後的「思維存有」器官。因此，人類開始將自體繁衍力中剩餘的部分用來完善內在的天性。人形成思維之腦和遠古用來自體受孕的能量是相同的。他以單一性別為代價換來了思考能力。不再藉由自體受孕，而是以兩性生殖的方式繁衍後代，使得人類可以將繁衍力的一部分調回自身，成為了能夠思考的受造物。因此，男女兩性雖各自展現出靈魂不完美的外在顯化，內在卻成為了更臻於整全的生靈。

　　這種轉變十分緩慢地漸進著。那些更年輕、有著單一性別的男人和女人，一步步地逐漸出現在年長雙性的人類身旁。

　　人被賦予靈性的過程同樣是以一種類似「授精」的方

式在進行著，因為被剩餘的靈魂能量強化的內在器官，也是
靈性大能催生出來的果實。靈魂本身就是雙性的：陽性與陰
性。遠古時期它也是以雙性為基礎來建構自己的身體，後來
只能透過與另一副身體的外在合作方能完成肉身的構建；它
因而得到了與靈性世界合作的能力。人類自此展開了體外受
精的過程，內在則開始被靈性勢能「授精」而獲得了靈命。
我們可以說男性的身體現在有了女性的心魂，女性的身體有
了男性的心魂，而人的這種內在單性傾向是經由靈性的授精
過程補全的。內在的單一性被「廢止」了。女人身體中的陽
性心魂以及男人身體中的陰性心魂，經由靈性能量的灌注再
度成為雙性。因此，男女雖然外形上有所不同，但內在心魂
的單一傾向被再度圓滿為和諧的整體。靈性與靈魂融合成一
個完整的「單元」。在女人的陽性心魂面上，靈性的運作是
陰性的，因而被賦予了陽陰雙性；在男人的陰性心魂面上，
靈性的運作則是陽性的，故而也被賦予了陰陽雙性。前勒姆
利亞期曾經以雙性形式存在於外境裡的人類，此時已褪去外
在的雙性特徵，轉而形成了內部的完整性。

　　由此可見，一個人更高的內在本質與性別是無關的。不
過，人類內在的均等雙性確實源自於女人的陽性心魂和男人
的陰性心魂。與靈性的結合最終帶來了內部的平衡；但是在
這平衡性建立之前，兩性存在著差異這個事實，涉及到了人
類本質中的一個祕密。理解這個祕密對所有密修派科學而言
都至關緊要，它是解開生命重大謎題的鑰匙。目前我們尚未
被允許去揭開遮蓋於這祕密之上的面紗……

　　因此，物質面的人類已經從雙性演化成單性或男女兩性的分化，人藉由這種方式成為了當前的屬靈存有類型。但這並不意味之前未出現過和地球連結具認知能力的存有。追溯阿卡夏檔案中的勒姆利亞初期，人由於尚未演化出固體身而具備雙性，所以與我們現今概念中的「人類」確實是完全不同的存有。他無法將任何感官覺受與想法相連；他並不思考。他的生命表現是衝動的，他的心魂只在本能、嗜好和動物性的慾望等等軌道上表達自己。他的意識如夢一般；他活在愚鈍狀態中。

　　但這些早期人類當中還生活著其他的存有。當然祂們也是雙性，因為地球那時的發展階段還無法產生男性或女性的身體，性別分化所需的外部條件尚未出現。然而，這群存有雖具備雙性卻有能力獲得知識和智慧，原因是祂們在更為遙遠的過去曾經歷一段截然不同的演化路徑。祂們的靈魂無需擁有物質身以發展出內在器官，便能得到靈性大能的灌注。現代人透過大腦只能思考感官從外在得到的資訊，這是演化出人類個體靈魂所導致的結果。人的靈魂必須等待頭腦演變成和靈性之間的媒介，缺少了這樣的繞道進化過程，靈魂就會停留在無靈性狀態。它會中止於幻夢意識。但上述的超人類存有卻是不同的。在早先的演化階段裡祂們的靈魂已經發展出一些器官，這些器官不需要借助物質面的任何事物便能與靈性源頭連結。祂們的知識和智慧是以超感官的直覺力獲得的。現今的人類只能在往後的階段裡獲得這樣的直覺力，屆時就能不經過感官媒介直接躍入與靈性世界的鏈接。因

此，現代人必須在感官所及的物質世界裡繞道發展。這種繞道的情況被稱為人類靈魂朝著物質界的「下降」，或者更通俗地說，「人類的墮落」。

那些超人類存有們在早期經歷了不同的演化發展，故而無須參與「下降」的過程。祂們的靈魂已達到更高的發展階段，所以意識不是幻夢式的。祂們的內在十分清醒，獲取知識和智慧的方式是透過靈視力，完全無須借助感官或思考功能的理解力。宇宙造物的智慧法則可以直接投向祂們的靈魂，故而有能力帶領那些仍陷在愚鈍狀態裡的年輕人類。祂們是「原初智慧」的傳遞者。為了充分理解這些啟示訊息，人至今仍在奮力地繞道而行。這些超人類存有與一般人類的區別，就在於上界所賜的智慧猶如免費的禮物般直接投向祂們，像陽光普照於我們一樣。一般人卻不得不透過感官和思維的運作來獲取智慧。智慧對他而言並非一開始就是免費的禮物，他必須由衷地渴求它。人只有生起對智慧的渴望，才會透過自己的感官功能和思維官能去獲得它。一種新的內在驅力——對知識的追求和渴望——必須覺醒。在早先的階段裡，它還無法擁有這樣的渴望，因為靈魂的內在驅力被引向外在形式的建構——它在其中所經驗到的是如夢一般的生活——而不訴諸對外境的認知，也不導向知識的獲取。性別的分化讓心魂取得知識的內在驅力首度出現。

超人類存有之所以能通過靈視的方式得到智慧，是因為沒有對智慧的欲求。祂們靜待智慧的照射就像我們等待陽光一般。我們無法在夜晚裡製造出陽光，但它必定會在清晨自

然降臨。

　　人之所以產生對知識的渴望，是因為心魂發展出了內在感官和大腦等獲取知識的工具，原由是靈魂中的一部分能量不再導向外在而被引至了內在。反之，那些內在靈性能源未曾分流的超人類存有們，則是將所有的靈魂力量都導向了外在。因此，被人類引至內在去發展認知器官的那部分精力，被超人類存有們用在向外接收靈性大能的灌注而結出果實。

　　將人導向外境使他們與其他人結合的力量就是愛。那些超人類存有將祂們全部的愛都投向外在，以便宇宙智慧流進祂們的靈魂之內，一般人卻只能將這愛的一部分引向外在。他們變得耽溺於感官享受，他們的愛也傾向於感官欲求的滿足。他將自己本質的一部分自外境引向內在的發展，因而出現了「自私」的人格特質。當人在物質身層面演變為男人或女人時，便只能將自己存在的一部分交托出來；他帶著另外的部分從外境中脫離出來。他開始變得自私。這種自私不但體現於外在行動上，也體現於內在發展所付出的努力上面。他會去愛，是因為他渴望被愛；他會去思考，是因為他希求智慧。

　　那無私又熱愛一切的存在本質，那些帶領者們，超越人類的存有們，都在挑戰仍然處於稚氣的自私傾向中的人們。

　　超人類存有的靈魂不是棲居在男性或女性的身體裡，而是男女雙性的。它愛而無慾。性別分化之前純真的人類靈魂，曾經活在這樣的愛當中，但那時它無法理解這種愛，因為仍處於低等的幻夢意識階段。那些超人類存有也是以同樣

的方式在愛著，然而先前的發展使祂們有能力領會這份愛。人則必須穿越自私傾向進入更高的階段，並重獲其無私本性，然後這份「無私的愛」才能夠和「完全清醒」的意識結合。

這些擁有超人類本質的偉大帶領者，其任務乃是將自己的特質（愛）銘印在年輕人類的心魂中。祂們只能針對已經被引向外在的靈魂力量來展開這件事，性愛由此被催生了出來。這是靈魂活動於男性或女性的身體中造成的結果。性愛因而成為了人類在物質層面演化發展的推動力。它將男人和女人在物質的範疇內連結到一起，並且成為了人在塵世間演化的依託。

只有透過這樣的愛，超人類存有才能發揮祂們的影響力，至於被導向人的內在、以繞道方式透過感官建立認知的能量，則喪失了這些超人類存有帶來的影響。無論如何，祂們從未降到對應的內在器官以促進其發展。祂們只能用愛去懷抱人類向外的驅力，因為向外運作的愛是其本性之一，於是祂們與年輕的人類之間出現了一道鴻溝。祂們可以將性愛形式的愛植入於人，卻無法賦予人智慧，因為其智慧從未經歷藉由內在器官所體驗的下降和繞道而行，而人類正在發展這樣的官能。祂們無法說出有頭腦的受造物能夠理解的語言。

地球進入固態演化階段的勒姆利亞中期，人的內在器官才首度成熟而開始和靈性源頭有所連結；更早的演化階段裡它們已經被不完整地塑造出來。靈魂於此之前曾經歷物質面

的顯化過程。它在密實的物質中寄居過，但並非在地球，而是在其他天體上。有關這部分的細節後面會再詳述，現在我們只能說這些地球上的存有先前曾生活在別的星球上。他們在那裡依照當時普遍存在的條件，演化到了抵達地球時所處的節點。他們卸除先前星球上的物質身如同脫掉了衣服一般，然後基於當時已經達到的演化境界，成為了地球純粹的靈魂苗種。這些苗種具有覺知、感受等等的能力——簡言之，他們開展出一種如夢一般的生活。在成為地球存有的最初階段裡，這種生活情況曾經令他們相當不習慣。

先前提到的那些超人類存有，愛的領域的領導者們，在之前的星球上已演化得十分完美，所以無需下降到物質界來發展內在器官的雛形。

當時也存在著其他類型的存有，他們的發展並不像這些愛的引領者一樣高階，雖然仍屬「人類」之列，卻因加快演化速度而領先了人類。所以在地球誕生的初始他們比人更為先進，但仍處於透過內在感官獲取知識的演化階段。這些存有站在一個特殊的位置上。他們因發展得太過先進以至於無法寄居在男性或女性的物質身裡；可是從另一方面來說，他們並未進化到像那些愛的引領者一樣，可以藉由完善的靈視力來採取行動。他們還不能成為愛的存有，但也無法再成為「人」，所以只能成為「半超人類存有」來繼續自己的演化，而此過程是在人的協助下展開的。他們能夠向擁有頭腦的人類講述後者聽得懂的語言，於是人心魂能量中轉向內在的部分得到了激發，並且聯接起知識和智慧。屬於人類的智

識因而首度出現在地球上。這些「半超人類存有」利用人的智識來完善他們仍欠缺的部分，以這樣的方式他們成為了人智的激發器，因而被稱為荷光者（bringers of light），亦即路西弗（Lucifer）。稚嫩的人類從此有了兩種類型的引領者：愛之存有與智之存有。自從獲得目前的男女兩性形貌之後，人性便在愛與智中得到了平衡。在愛之存有的引領下，人被導向物質面的發展，而智之存有則激發人類去完善內在的本性。物質面的發展幫助人類逐代演進，不斷形成新的部落和種族；經由內在的發展，個人則不斷趨向完善，成為了博學的智者、藝術家、技法純熟者等等。物質世界的人類在一代又一代的種族間跨步而行；每個種族都透過塵世面的演化，將感官覺知相關的才能傳遞給後代。支配著這一切的是遺傳法則，子輩們會在自身之內帶上父輩的生理特質。此外還存在著靈性—靈魂的完善過程，而這只能藉由心魂自身的演化和發展才得以實現。

由此我們來到了地球存有的靈魂演化法則跟前。人的靈魂發展和生與死的法則及奧密有關。

【第七章】
性別分化前的最後時段

這一章我們要講述的是人類分化為兩性之前的狀態。在那個時段裡人的身體是由一團柔軟易塑的物質構成的，人的意志相較於後來而言有著更強大的掌控身體的能力。當人從母型存有中分離出來時，看上去就像是一個不完整的、絞接著的有機體。器官進一步的發展是在母型存有之外進行的。後來人在母體內孕育成熟的大部分過程，在當時則是被一種類似於意志的力量帶到外境中去完成的。為了達成體外孕育成熟這件事，母型存有的照料是十分必要的。人類將一些器官帶入這個世界，然後又卸脫了它們，那些在他最初誕生時相當不成熟的器官，則有了更加完善的發展。這整個過程有點像是從一個蛋中冒出來然後脫掉了蛋殼，但我們不該把這蛋殼想像成是堅實的。

當時人的身體是溫血型的，這一點我們必須先申明，因

為在更早的時期情況是不一樣的，後面的章節裡我們會講到這個部分。於母型存有之外成熟是在持續增溫的環境中發生的事，而溫度的增長同樣是從外部供給的。可我們不能認為這「蛋人」（egg-man）——出於簡化目的才如此稱呼——是被孵化出來的。當時地球的熱能與火能狀態跟後來的階段很不一樣。人藉由自身的力量可以將火或熱能聚合在既定的空間內，我們可以說，他將熱能聚集以提供年輕的有機體成長所需的溫度。

當時人體內最發達的是運動器官。今日的感覺器官在那時是相當不成熟的，其中發展較為領先的是聽覺器官、感知冷熱的器官以及觸覺；對光的感知力要遠遠落後。人類一進入這個世界便帶有聽覺和觸覺，對光的感知力是後續發展出來的。

上述的所有情況都涉及到性別分化前的最後階段。人類的性別分化演進得非常緩慢。在此之前人已經發展出下述的狀態：某一個體出生時便帶有較多的男性特質，另一個體則更偏向女性，不過每個人仍然擁有相反性別的特質，這樣才能實現自體受孕。但這種自體受孕的過程並不總是會發生，它取決於某些時節的外在因素帶來的影響。當時的人在很大程度上諸多事務都依賴這樣的外在條件。他不得不按外境來規範自己所有的生活習慣，例如要遵循太陽和月亮的運行軌則等等。但人這種行為上的自我規範並不是帶有覺知的，而是通過一種所謂「本能」的方式達成的。因此，我們已經開始涉及當時人類心魂生命的領域。

　　此心魂生命還不能被稱為一種真正的內在生命。那時心與物的活動及特質尚未被嚴格區分開來，大自然的乙太生命能量仍然被靈魂體驗著。環境中的每個動向尤其對聽覺產生了巨大影響。每一絲空氣的振動、每一次的移動都會被「聽到」。風和水在飄流中向人類訴說著「觸動心弦的細語」。經由這樣的方式，人類感知到了大自然的隱祕活動，它們迴蕩在他的靈魂裡，而他的行為也是對這些印象的反饋。他把對聲音的覺知轉化成了自身的行動。他活在音聲的流轉中，並透過意志將它們傳達出來，而且被它們推著展開所有的日常勞作。

　　當時的人對觸覺受到的影響反應要稍弱一些，但這些影響同樣扮演著重要的角色。他們的身體能夠「感覺到」周圍的環境並依此而行動。他們能夠從觸覺體受到的外來影響，而分辨出何時該工作、該如何去做以及該在何處休息。藉由觸覺他們得以識別和避開那些會威脅到生命的險境，知道該如何規範自己，約束自己的飲食攝取。

　　心魂生命其餘的部分，則是以截然不同於後來的方式發展的。當時活躍於人類心魂中的是對外在事物的意象，而非對它們所形成的概念。舉例來說，當人從較冷的環境進入一個溫暖的空間時，內心會生起一種色彩圖象，不過此圖象與任何外在客體都無關，它是在一種類似於意志的力量中形成的。這樣的意象持續不斷地充盈著他們的內心，我們只能以現代人睡夢中的流動影像來做個類比。這些意象是按規律進行的，因此可以說他們擁有的是圖象意識而非幻夢意識。

他們的內心絕大部分都被多彩的意象充盈著，雖然這並非唯一的意識類型。人經由聽覺和觸覺去參與外界所發生的各種事件，但反映在他心魂生命裡的世界，卻和外境的真相差距甚遠。當時的人快樂和悲傷的強烈程度是透過心魂意象產生的，但遠遠低於現代人覺知到外境後所升起的內在情緒反應。雖然某些意象會喚起快樂，另一些喚起不悅，某些會喚起厭惡，另一些則喚起偏愛；在當時這些感受都比較淡薄。

可是另一些事物卻會激起人們強烈的感受。那時的人比現在要活躍許多，環境中的所有事物以及心魂中的意象都會激起行動和活動。當行動能夠毫無阻礙地展開時他會立即體驗到愉悅，一旦受阻就會感到不悅和不安。事情是否妨礙到意志，決定了人們的喜悅或痛苦。這些喜悅和痛苦在他充滿著鮮活圖象的心魂中被再度釋放。當他的行動所向披靡時，明亮、清晰、美妙的心象就會生起；當他的行動受阻時，陰暗、畸形的意象往往會在心中閃動。

至此，我們已經介紹了當時一般人的生活情況。就那些發展到超人類階段的存有而言，心魂生命的情況則是十分不同的；這些存有的心魂活動不帶有此種本能特質。藉由聽覺和觸覺祂們能感知到大自然更深的奧義，也能夠有意識地加以解讀。在風的疾馳中，在樹木的沙沙作響中，大自然的法則和智慧被揭示給祂們。祂們心魂中的圖象並不僅僅是外在世界的反映，而是直接源自於宇宙的屬靈力量。這些超人類存有覺知到的不是外在客體而是真實的屬靈存有。舉個例子，普通人所經驗到的恐懼會在心魂中升起醜陋陰暗的意

象，但超人類存有卻會藉由這樣的意象直觀到屬靈存有的訊息和啟示。對祂們來說大自然的演變並不像現代科學家所理解的，只是在因循著了無生氣的自然法則而已。在祂們眼中大自然的演進乃是屬靈存有的活動和作為促成的。由於不具備感知外境的器官，所以下界的外在現實對這些高等存有們而言並不存在，但祂們可以直通上界的屬靈實相。宇宙的靈性之光直接照向祂們的靈魂，就像陽光射入現代人的肉眼一樣。這些存有們具備的是全然「直觀式」的認知能力。對祂們來說沒有聯想和推測，只有對屬靈存有啟示活動的當下覺知。因此，這些超人類個體的意志能夠直接和靈性世界神交。祂們有意識地導引著其他人類，從靈性世界裡祂們獲悉了自己的任務並信受奉行。

當演化推進到兩性分化的階段時，這些存有們開始把延續新人類的生命作為自己的使命。性生活的規則便是由祂們制定的，所有與人類生殖繁衍相關的事物皆起源於祂們。超人類存有們在推動這些事務時是完全有意識的，但其他人類只是將祂們的影響感受為一種源自內在的本能。性愛乃是通過祂們的心念立即傳輸而植入於人類的。起初性愛的一切展現都有著最崇高的意涵，所有在此領域中被沾汙的事物都是後來出現的。當人變得更獨立之後，便腐化了這份原始的純潔驅力。在更古早的階段裡，人們是不會從性驅力中汲取任何性滿足感的，有關性的一切活動都是為了延續人的存在而展開的奉獻儀式。繁衍被視為一件聖事，一項人們報償這個世界的獻禮。獻儀祭司們是這個領域裡的主事者和監管者。

那些半超人類存有對人的影響則是不同的。那些存有尚未演化到以全然純淨的形式接收靈性啟示的階段。在獲得對屬靈世界印象的同時,可感知到的地球層面的影響力也會出現在他們的心魂意象中。真正的超人類存有不會從外境接獲任何喜或悲的印象,祂們將自己全然交付給靈性的灌注。智慧流向祂們就像陽光湧入感官世界的存有一樣;祂們的意志不為任何目的,只為了和這份智慧達成一致。在踐行神智的過程中祂們感受到了至樂。智慧、意志和行動構成了祂們的本質。半超人類存有的情形卻不是如此,他們意識到的是向外尋求感官印象的驅力。當這股驅力被滿足時,他們可以連結到愉悅的感覺,反之則感到不悅;這是他們不同於超人類存有之處。對後者來說,外在印象的唯一功能是印證神的啟示。當祂們觀向外境時,除了已經接獲的靈性啟示的反映之外,不會再覺知到任何東西了。

那些半超人類存有由於在演化之路上學到了一些新的東西,故而當人類心魂中原本單純的意象演變為對外境客體的擬象和概念時,他們一躍成為了人類的引領者。這發生於人類將先前一部分的繁衍能量轉向了內在,以及具有大腦的個體開始誕生之際。藉由頭腦的幫助人類獲得了將外在感官印象概念化的能力。

因此在這裡我們必須說明,人是被半超人類存有帶入了對外境產生覺知的節點上。他不再被允許直接獲得純粹的屬靈影響力。他內在的種族延續力是由超人類存有植入的本能驅力,但若是沒有半超人類存有的介入,人在靈性層面仍然

會延續一種幻夢式的存在狀態。在這些半超人類存有的影響之下，人的心魂意象被導向感官所能覺知的外在世界。他成為了在感官世界中覺知到自我的存有，而且能夠有意識地按照感官的認知來引導自己的行為。在這之前，他是根據一種本能在行事的。他曾經被外境的魔力和高層存有的大能所支配，現在他則開始跟從自身的概念所帶來的驅力和誘惑。於是自由選擇的篇章開啟了，而這也是「善與惡」的開端。

在我們朝這個方向繼續講述之前，要先介紹一下當時的人在地球所處的環境。那時地球上還存在著一些動物生命，從型態來看，應該處於和人類相同的演化層次。依照現今的概念，我們可以將它們歸於爬蟲類之列，而它們之外還存在著較低形式的動物；人和這些動物之間有一種本質上的差異。由於身體的易塑性，人類只能生活在尚未演化成最堅實物質形態的區域。在這些區域裡和人一起生活的是有著近似於易塑軀體的動物，在其他地區裡生活的則是那些已經擁有密實的物質身，並且已經發展出兩性和感官的動物們。之後我們會講述它們是由何處來的。這些動物無法獲得更進一步的發展，是因為身體過快地演化成更堅實的物質結構。它們之中的一些物種開始滅絕，另外的一些則繼續進化成現今的形貌。人能獲得更高等的形貌是因為駐留在適合自身狀態的地區裡，身體故而保持著柔韌的特質，發展出了與靈性結合的器官。伴隨著這樣的內在進展，人的外層身逐漸演變成更密實的物質身，因而成為更精微的靈性器官保護層。

但並非所有的人身都達到了這樣的狀態。有些個體的發

展更為領先一些，他們是最早被靈性大能活化的人，其他的個體則未曾被活化。然而，即使靈性大能滲入到這些未曾被活化之人的內在，他們也只可能以一種有缺陷的方式繼續演化，因為內在器官尚未成熟。因此，在最初的階段裡，這些人被迫在未經靈能活化的情況下去發展自己。第三種類型的人則達到了能夠使微弱的靈能作用於內在的階段，他們是介於前面兩種人之間。由於他們的頭腦活動仍然是遲鈍的，所以必須被更高的靈性力量引領。這三種類型的人們可以帶給彼此各種蛻變，但若想實現長遠的發展只有一種可能性：以犧牲他人為代價來換取一部分人得到更高形態的演化。首先，完全未發育心智的個體必須被捨棄，因為與他們結合會令那些發展更高的人降至他們的層級。這麼一來，所有被賦予智性的東西都和他們脫離了關聯，而他們也越來越降到動物層次。於是，人類的身邊出現了類人動物。人在進化之路上捨棄了一部分兄弟，以便自己能攀向更高的層次，至今這個過程絲毫沒停止下來。在那些頭腦遲鈍的人當中，位階略高的成員脫離了靈性較低的人，開始和更高等的生命結合，如此方能獲得進一步的演化。只有這樣，他們才能發展出適合接收完整人類靈能的身體。進化了一段時間之後，人類生理面的發展已經到達一個止點，所有處於分界線之上的個體都保留了人類的屬性。與此同時，地球的生命條件也發生了變化，如果繼續強迫推進，將不再能產生類動物的生命體，而只會使它們處於無法存活的境地。先前被迫降至動物層次的人類不是開始滅絕，就是以不同於原本樣貌的高等動物型

態存續了下來。因此，我們必須把這樣的動物看成不得不在人類演化的早期便停下腳步的存有。雖然它們並未保持住分離時的樣貌，但的確是從一個更高的層級降到這種境地的，所以猿猴其實是過去世代的人類，只是經歷了演化的退行罷了。如果說過去的人類較現今而言可能不夠完美，那麼猿猴卻曾經是比現今完美的存有。

維持在人類領域中的某些受限存有也經歷了相似過程。許多原始部落的野蠻人曾經是有過高度發展的人。他們沒有落入動物的層次而成為了野人。

人類不朽的部分就是靈性。當靈性進駐肉身時已經彰顯出這一點，在此之前靈性是其他層次的存在。只有當身體取得一定程度的發展之後，才能夠與其連結。只有完全理解這份連結是如何發生的，我們才能領會生與死的意義，體悟到靈性的永恆本質。

【第八章】
海波伯利安與普樂利安時期

　　阿卡夏檔案紀錄的下述內容，將帶我們回溯比先前章節
所論及的更早時段。按今日的唯物主義視角來看，這些論
述面臨的風險可能比前文更大，它們很容易被指控為「幻
想」或「無端的臆測」。在現代科學的訓練之下，人們不但
距離認真看待此類事物的態度甚遠，更遑論對它們產生正確
認識了；唯有真實的靈性體驗所帶來的如實報導，才能使人
對它們做出正確的描述。此章所言沒有任何部分未經靈性科
學的研究途徑仔細驗證過，科學家們只消如靈性科學家包容
物化思想一樣去寬待後者即可。（請查閱我的《十九世紀
的世界觀與生命觀》〔*Welt-und Lebensanschauungen im neunzehnten
Jahrhundert*〕一書，我認為此書已經展現出欣賞唯物科學視角
的能力。）對於想瞭解這些靈性科學內容的人們，我想就這
裡轉載的檔案內容為你們做個特別的評註。接下來我們要討

論的事格外重要，而且全都屬於十分古老的紀元。解碼此領域的阿卡夏紀錄並非易事。本書作者絕不會聲稱自己應該被盲目地相信，他只想彙報自己在最大努力之下所發現的事實，也歡迎任何基於充分認知做出的指正。他之所以覺得有責任去談論這些涉及人類演化發展的事件，是因為時代的預兆在敦促著這項行動。為了提供完整的視野，我們接下來會對一段漫長時期做出概要的介紹，而進一步的細節將會在後文中詳述。

　　將阿卡夏編年史的書寫轉譯為現今通俗用語的過程註定困難重重。如果用密修派的象徵符號語言來談論它們會容易些，但此種方式目前尚未被允許。因此，讀者朋友們必須忍受許多晦澀難懂的內容，然而請盡力去理解，就像作者為了找到能夠被普遍理解的呈現方式所作出的努力一樣。當人們探入深邃的奧密或重要的人類之謎時，會因為克服了種種困難而得到回報。畢竟，人類真正的自我認識正是這些「阿卡夏紀錄」帶來的結果，它們在靈性科學家眼中就像感官之眼見到的山河那般實在。當然，無論是眼前或過往，感知的偏差還是有可能發生的。

　　需要說明的是，此刻我們只是在探討人類的演化發展，與之並進的當然還有其他的自然王國：礦物、植物及動物王國。在後續的章節裡我們會講述到它們，同時也會更詳盡地說明人類的進展。但是從另一方面來說，除非人類逐步演化的軌跡被充分闡明，否則根本無法從靈性科學的觀點去談論其他的地球事物。

　　若是回溯到比前文所涉及的更早的演化階段，我們就會和這個星球更精微的物質形態相遇。後來顯化為固態的物質曾經是流體，早些時期則呈現霧狀與蒸汽狀，更久遠的過往甚至曾處於極精微（乙太）狀態。物質的逐步硬化是由不斷降低的溫度所導致的。此刻我們要開始追溯人所寄居的這個星球最精微的乙太階段。人類是在這個時期首度來到地球，在那之前他屬於別的界域，這一點我們會在後續的內容裡詳述。此處只引出與其直接相鄰的先前階段，一種所謂的星光界或靈界的存在形式。此界的生靈不是以物質體存活著，人類亦非如此。當時他已經發展出前文提到的圖象意識，而且擁有了感受和欲求，但所有的這些都被包裹在一種靈魂體內。只有靈視之眼能夠洞悉到這樣的人類。

　　不過事實上，那時發展得較為高階的人都擁有靈視力，儘管是相當遲鈍和夢幻式的。那並不是一種具有自我意識的靈視洞見。

　　這些星光存有某種意義上可以說是人類的先祖。今日所謂的「人類」在自身之內都帶有著一種自我意識，此靈明之光是在勒姆利亞中期左右與源自星光界的人類結合而成的。這場結合在前文中已經簡述過，後續論及星光存有的演化時，我們會更詳盡地探討這件事。

　　因此，人類的靈魂或星光始祖是被輸送至地球的精微乙太場的。作個粗略的比喻，他們就像海綿一樣將地球的精微物質吸進自己之內，繼而被這些物質所滲透，發展出了乙太身（《奧密科學大綱》關於此點的描述是：星光身接觸到熱

地球後引燃了內部的乙太生命現象）。這乙太身呈細長的橢圓形，後來被形塑出的四肢及其他器官，此時已透過精微細緻的物質示現出雛形。這精微體所有的演化進程都是以純「物理─化學」的方式展開的，但調節和主導它們的是人類的靈魂。

當這團物質達到一定大小時便分裂為二，各自的形貌都與先前的相似，並且在自身之內延續著和最初的精微物相同的生命歷程。

每個新分裂出的形體都被賦予了和母型存有同樣的靈魂。這是因為進入地球場的並非特定數量的人類靈魂，而是從同根（common root）生命樹分化出無數的單一靈魂來。就像一棵植物能夠透過無數種子煥發出新的植物一樣，人類的靈魂生命也可藉由持續分裂產生無數的幼苗。的確，最初靈魂種類的數量是十分有限的，這一點我們會在後續的內容中加以說明；但不同種類的靈魂都以上述的方式在發展和繁衍著，每種類型皆生長出不可盡數的分支。

進入地球物質界之後，這些靈魂的內在發生了重大轉變。它們在此之前尚未附著於任何地球物質時，曾絲毫不受外境物質化進程的影響。靈魂所能感受到的作用都是屬靈和可以透悉的；它們因而與環境中所有的屬靈事物共享著乙太生命力。當時的一切存有都是以此種方式被靈魂所經驗著。那時以星光（靈體）形態存在著的礦石、植物及動物，其活動都被人類感知為內在的靈魂經驗。

當靈魂進入地球擁有了精微質的裝備之後，嶄新的物質

化進程便開始出現。起初是外在世界的物理運動引發了乙太內部的活動。就像我們今日將空氣的振動感知為音聲一樣，這些乙太存有也能覺知到周圍乙太精微質的振動。他們當時的存在狀態基本上可以視為一種單一的聽覺器官。聽覺是最早得到發展的人類感官，由此可知聽覺器官是在後來分化出來的。

隨著地球物質的日漸密實化，屬靈存有逐漸失去了直接模塑這種物質的能力，只有那些已被形塑好的軀體才能從自身產生出同類存有來。一種新的繁衍方式於焉誕生。從母型存有中釋出了相當小的子存有，她們只能慢慢成長到與母體相等的大小。人類的生殖器官也在此時開始出現。

但此時這些本體形式中所發生的不再是一種物理—化學式的作用力，因為它已經無法再促成繁衍。由於地球物質的逐漸密實化，所以靈魂必須透過一種仲介式的作用力來活化它們。於是，本體形式內的某個部分被分離出來，不再立即受外在物質的直接影響，只有未被分離出來的部分仍然暴露在其作用力之下。如此一來，靈魂元素便得以在分離出來的那部分中繼續運作。靈魂因而成為了生命力法則的載體，神智學文獻稱其為「氣」（Prana）。顯化於物質界的人類先祖開始被賦予兩套器官。一是物質身，人類的物質化皮囊，從屬的是周遭世界的化學及物理法則。另一套則是所有器官之總和，服從的是個體獨特的生命力法則。

一部分的靈魂活動透過這樣的方式被釋放了出來。它們不再能控制肉身的外部活動而開始向內調轉，將身體的一部

分形塑為特定的器官。於是，身體的內在生命力開始運作。它不再只是參與著外在世界的能量振動，更在自身之內將其感知為獨特的個體經驗。這便是覺知意識的開端。這種覺知最初是以觸覺的形式呈現的，有機體開始感受到外在世界的運動和物質施以的壓力等等。人類對熱與冷的感覺也初露端倪。

由此，人類的發展進入了一個重要階段。靈魂不再直接影響肉身，後者從此被完全移交給物質界的物理和化學元素。當靈魂無法再通過其活動來支配肉身之際，後者便開始自動分解，於是我們所謂的「死亡」就出現了。在先前的情境中死亡是不存在的。當時母體在分裂時能藉由子代的形式完整地存續下去，因為子代轉換後的靈魂能量和母體能量的運作方式完全相同。在這分裂的過程中，所有存續下去的事物中都包含著靈魂，而現在情況開始變得有所不同。當靈魂不再對物質身施以任何操控時，後者就會臣服於外在世界的化學物理法則而逐漸趨向衰亡。此階段的靈魂只保留了繁殖和內在性命的發展這兩種作用，也就是說後代經由繁殖而誕生下來，同時被賦予了額外的器官形塑勢能。靈魂存有通過這額外的勢能不斷地得到復甦活化。如同在先前分裂繁殖階段裡，整個實體都被靈魂的活動充盈著，而現在負責繁殖和感知的器官也充滿著靈魂的活動。因此，我們講述的其實是靈魂生命在新發展出的子代有機體中的輪迴轉世。

在神智學文獻裡，上述的兩種人類發展階段，被描述為地球期最初的兩個根族期。第一支根族被稱為

普樂利安（Polarean），第二支根族則是海波伯利安（Hyperborean）。

我們必須把這些人類先祖所感知到的世界，想象為饒富的、未明確界分的整全狀態。當時只有聽覺和觸覺兩種感知被分化出來。由於身體和物理環境所產生的變化，導致整個人類有機體無法繼續——在某種意義上——用一個「耳朵」的狀態存在。雖然身體中的某個特定部分還能對細微的振動產生迴響，而且為今日的聽覺感官之發展提供了原料，但其餘的部分幾乎都是為了發展觸覺器官而繼續存在著。

由此可以看出，人類至此的整個演化歷程和應付地球溫度的改變有關。把人帶入上述階段的是環境中的熱力，現在外部的溫度已降至無法獲得進一步發展的臨界點，於是有機體內部開始出現和地球冷化對抗的作用力：人產生出了自己的熱源。到目前為止人類一直共享著周圍環境裡的氣溫，現在他內部的器官已經可以製造生命所需的熱力；之前周流在他體內的物質一直仰賴著環境提供的高溫。身體內化的流質變成了溫熱的血液，人因而獲得了更高的獨立性。他的整個內在生命力變得更加活躍，知覺卻仍舊全盤仰賴著外在世界的作用力。人的肉身被自己的熱力所充盈，故而獲得了獨立的物理性內在生命力。靈魂從此擁有了肉身之內的基礎，而不僅只是外在世界的生命參與者。

經由這樣的作用力靈魂被引至地球的物質場域中。在此之前，靈魂的欲求、願望、熱情、喜悅及悲傷是被一種類靈魂的東西所激發的。它被另一種靈魂存有喚起了共情或厭

惡、引發了熱情等等，但沒有任何外在物質實體能如此影響它。現在，外境的客體開始對個體靈魂產生意義。當肉身製造出熱力並喚醒內在生命力之後，靈魂便將強化生命力的活動經驗為愉悅，對擾亂它的事物則感到不悅。它開始渴望和希求能促進物質面安適感的外在事物，被神智學文獻稱為業力（Kama）的欲樂體和地球人由此產生了連結。感官知覺的對象現在成為被希求者，透過欲樂體人開始被塵世面的存在所牽絆。

此事是跟一個重大的宇宙事件同時發生的，它們之間有著因果關係。在此之前，太陽、地球及月亮尚未發生物質面的分化，就它們對人類的影響而言，這三者乃同一實體。現在分離開始產生；先前能夠讓靈魂立即活化物質的精細靈質，將自身抽離出來形成了太陽；最粗鈍的部分被擠壓出去成為月亮；地球就其物質性而言則是處於兩者之間。這場大分離當然不是立即發生的，隨著人類從分裂繁殖到我們最後講述的狀態，整個宇宙天體的分化過程是逐步演進的。事實上，正是這些大宇宙的演化進程帶來了人類的上述轉變。太陽率先將其精細靈質從共同的宇宙天體中撤出，從此靈魂元素不再能直接活化餘留下來的地球物質，而必須借助中介的作用力。然後月球開始形構自身。於是，地球也逐漸具備了讓先前所提到的覺知能力出現的條件。

與此進程相連的是新的人類感官知覺誕生了。當時地球的溫度使得人身逐漸呈現出固定的邊界，於是透明體變成了不透明體。從整個地球存在體中擠壓出去的太陽接受了光的

給予者任務，人體中的視覺因而發展出來。但最初的視覺和我們現今的有所不同；人類當時對光與暗的感受是十分模糊的。舉例來說，某些情境下他會把光體驗成愉悅或是增進物理生命力的能源，並且會追尋它或奮力趨向它，同時其靈魂生命仍繼續活在夢幻般的圖象裡。他的心魂中生滅著與外在客體無直接關聯的彩色畫面。他仍舊將這多彩的圖象與靈界的影響力聯結在一起。當他感受到愉悅的靈魂作用力時會生起光亮的圖景；當他被不悅的靈魂作用力所觸及時則會生起陰暗的畫面。

到現在為止，由身體熱能的發展所形成的東西一直被我們稱為「內在生命力」，但這並非人類後來發展出的真正內在性命。萬事萬物都有各個階段的進程，包括內在性命的發展和演進。就像前文中所提到的，人類真正的內在性命始於被靈性授精之後，從那時起人們才開始思考作用於自身之外的事物。

上述內容顯示了人是怎樣發展到先前的章節所描述的情況。基本上，我們可以用以下的字句來概述此階段的特質：靈魂越來越有能力將類靈魂存有所引發的感知，應用於外部的肉身經驗上面。首先出現的是眼睛看見了外在事物的色彩。先前對類靈魂事物的愉悅印象使得心魂產生了明亮的圖象，現在它開始和外部射入的光線帶來的印象產生聯結。心魂看見了周遭事物的色彩，而此作用力和一對嶄新視力工具的發展有關。在早期的階段裡，人為了感知光明與黑暗，身體曾經擁有一隻今日已不復存在的眼睛。（「獨眼巨人傳

說」便是對此類事物的追憶。）當靈魂將外在之光帶來的印象和自身生命更緊密地連結時，雙眼並用的能力就出現了，而人對環境中類靈魂存有的感知力卻逐漸消失。個體靈魂越來越成為外在世界的鏡子，外境也以圖象方式在心魂中重複顯現。

與此攜手發展的是性別的分化。一方面，人體變得只能接受另一個人的體外授精；另一方面，物理性的「靈魂器官」（神經系統）發展了出來，由外境激發的感官印象透過它而反映給心魂。

思維之靈因而準備好進駐人類的肉身。

【第九章】
現今地球的開端：太陽的撤出

　　我們現在要隨著阿卡夏回溯至現今地球開始形成時的遙遠過去。這裡所指的「地球」應該理解成足以滋養現今的礦物、植物、動物及人類的星體，之前這個星球的自然界存有是以相當不同的形貌存在著。地球成為今日的礦物、植物、動物及人類的承載體之前，曾經歷過許許多多的變化，例如礦物雖然也在以往的星體狀況下存在過，但那時它們看起來與今日的形態截然不同。後文中將會詳述地球過往的狀況，現在讓我們來看一看它們是如何蛻變成當前形貌的。

　　某種程度上我們可以透過植物種子階段的生命旅程，來想像一下這番蛻變。想像一株擁有根、莖、葉、花及果實的植物從環境中汲取物質，並且分泌出一些東西來，但其內的每一種物質、形式及作用力都消失了，只有小小的種子存留了下來。生命穿越種子階段獲得了進一步的發展，在下一個

新的年節裡重新生長成相同的樣貌。地球也是如此，所有存在於先前條件下的事物均已消失，為的是在眼前的條件下再度顯化出來。先前被稱作礦物、植物、動物的存有已然逝去，如同植物的根、莖等等全都消失了一樣。但無論是過往或現今都有胚種被保存了下來，從其中以往的形式得以再度生發。那股能夠促成嶄新形式的力量就埋藏在種子之中。

　　某種程度上，此刻所論及的可以說是地球的胚芽期。那時它已經蘊含著形成現今地球的勢能。這些勢能是在早期的星體演化階段中獲得的。但我們不該把這地球胚芽想像成植物種子一般堅實的物質，因為它帶有著一種靈魂的特質。它包含著細緻、可延展以及流動的特性，奧密文獻稱之為「星光質」。

　　在地球的星光胚芽期間，起初只存在著人類的雛形。它們是後續人類靈魂的初胚。所有先前顯化出來的礦物、植物或動物，都被吸入人類的這個雛形裡並與其融合。人來到地球之前曾經是一種靈魂（星光）存有。他以這樣的形態出現於地球，而當時的地球是一種極精微的存在體，奧密文獻稱其為「極精細的乙太體」（most refined ether）。這乙太化的地球究竟從何而來，我們會在後文中加以詳述。

　　因此，星光人開始和地球乙太結合。他們將自己的特質印在乙太之上，為的是使其變成星光人存有的近似體。最初的乙太地球的確只存在著乙太人，它是這些乙太人的聚合體。事實上，當時人類的星光身或靈魂絕大部分仍飄在乙太身外，而且是從外部組織著後者的活動。在靈性科學家的眼

中，當時地球的情景大約如下：球體由無數的小乙太體（乙太人）所構成，周邊被一層星光質環繞著，就像今日的地球被大氣層圍繞著一樣。星光人活躍於星光層（靈性大氣），並在此作用於他們的類乙太質中。這些屬於星光層的人類靈魂在其類乙太質中創造出感官，並催生出人的乙太生命力。那時整個地球只存在著某種形態的物質：精微的鮮活乙太。在神智學書籍中這最早期的人類被稱為第一（普樂利安）根族。

　　地球進一步的演化是以下述的方式在發生：從一種物質條件中生出了兩種。可以這麼說，一種更濃密的物質被分泌出來，並留下了較稀薄的部分。更濃密的物質類似於我們今日的空氣；較稀薄的部分則從無分化的質態中產生出了化學元素。過往的質態或鮮活乙太的剩餘部分仍持續存在著，它只有一部分轉化成了所謂的物質條件，於是逐漸物質化的地球便出現了三種質態。先前被地球乙太包裹著的星光人只作用於一種質態基礎上，現在則必須作用於三種基礎之上。他們是以下述的方式在運作著：那些變成氣狀的物質最初十分抗拒他們的活動，這些物質不接受以原始形式存在於徹底星光化的人之內的任何事物，所以星光人必須將自己分化成兩組。一組在氣狀物的基礎上工作，並在其中創造出自己的類似體，另一組則可以做得更多一些。他們可以作用於其他兩種質態的基礎上，創造出由鮮活乙太和「化學乙太」所構成的類似體。相較而言，第二組星光人獲得了更高層次的能力，但此過程是靠分化出自身的一部分星光質——第一組

人——並迫使其從事較低等的工作而達成的。如果第二組人仍保有完成低等工作的能力，便無法順利揚升至更高的層次。因此，我們看到的是以犧牲自身的某些部分來換取更高發展的演化歷程。

物質化的地球中於焉開展出下述的景象。首先出現於地球的是帶著氣狀身的兩種存有，與此氣狀身有關的星光存有則是從外部產生作用。這些存有在地球上形成了最初的動物王國。這些類動物存有的外形如果詳加描述的話，可能會令人感到十分怪異。它們的外貌——我們必須記住這是由一種氣狀物所構成的，與現今的任何動物形貌都不同，至多和某些蝸牛或蚌類的外殼略微相似。在這些類動物存有之外，物質化的人類也繼續演化發展著。那些已躍升至更高層次的星光人，製造出了和祂自身相似的人身，一種由生命乙太和化學乙太所合成的「精微物」。因此，由星光質形成的人類開始融入於生命乙太和化學乙太所合成的乙太體。這種類人存有透過生命乙太被賦予了創造同類存有的繁殖力。它藉著化學乙太發展出類似於化學的吸引和排斥力，由此開始從環境中汲取物質並將其與自身融合，然後再通過排斥力將它們分泌出去。當然，這些物質只能從前述的動物界和人界中獲得，而這便是營養素形成的開端。因此，這些最早的類人存有是以動物和人為食的。

在這些存有之外，僅由生命乙太構成的更早期存有的後代仍持續存在著，但因為不得不適應新的地球環境而開始衰萎。歷經諸多蛻變之後，從它們之中發展出了單細胞動物存

有，以及後來形成更複雜有機體的細胞。

接著下述的演化進程發生了。氣狀物將自身一分為二，其中的一種變得更加密實而形同水狀，另一種則仍然呈現氣狀。化學乙太也將自己分化為兩種物質形態。一種變得更濃密並形成了所謂的「光乙太」物質，它賦予了存有金箔般的光芒。另一方面，部分的化學乙太持續以原有形態存在著。

由此我們來到了水、空氣、光乙太、化學乙太、生命乙太所構成的地球。為了使星光存有能夠作用於這幾類物質的基礎上，另一種演化進程於焉誕生；它同樣是以犧牲自身較低的部分來換取更高層次的發展。在此進程中，以下的幾類物質存有被催生了出來，首先是由水和氣構成物質身的生命體，那些被分化出來的較低等星光存有便是作用於它們之上。於是，新的一群比先前的質態較為粗鈍的動物出現了。

另一群新的存有則是由混合著空氣與水的光乙太所形成的。它們是一種類似於植物的存有，不過和現今的植物形態有著巨大差異。最後是第三種新誕生的群體，相當於那個階段的人類。他的物質身是由三種類型的乙太所組成的：光乙太、化學乙太、生命乙太。如果我們考量到舊有群體的後代仍持續存在著，那麼就大致可以判斷當時的地球演化階段已經存在著相當豐富的生命形式。

接著發生了一個重大的宇宙事件：太陽被擠壓出去。然後，迄今仍存在於地球生命乙太和化學—光乙太中的一部分勢能也撤離了地球。於是，先前擁有著這些力量的一切地球生命體都遭受到劇變。那些前文中所說的類植物存有最先面

臨蛻變。它們內在的一部分光乙太被抽離了出去，因此只有
當這股分離出去的力量從外部作用於自身時，它們才能繼續
其有機體的生長。於是，植物首先受到了陽光的作用力的影
響。

　　人類的身體也受到相似作用力的影響。從那時起他們的
光乙太也必須和太陽的光乙太一同運作，才能夠維持自己的
生命。但受此劇變影響的不只是原本就包含著光乙太的存
有，其餘的存有也都受到了波及，原因是世間萬物皆是相生
相依的。那些自身不包含光乙太、需要靠其他地球同伴的照
耀以得到發展的類動物存有，現在也受到外部太陽的直接照
射。

　　人類的身體因而發展出了接收陽光的器官，也就是人眼
的最初雛形。

　　太陽的出離導致地球物質開始了進一步的硬化。從液體
中發展出固態物質；光乙太也分化為另一種類型的光乙太，
以及能夠讓身體升溫的乙太。伴隨著這些變化，地球成為了
能夠在自身內產生熱量的星體，她的一切存有也都受到了熱
力的影響。在星光元素中一段類似於先前的演化過程不得不
重演；某些存有以犧牲另一部分為代價發展到了更高的層
次。這一群非常適合在粗鈍的固態物質上工作的存有被分離
出去，形成了地球礦物界的堅實架構。在最初的階段裡，更
高層的大自然存有們並不作用於這些堅硬的礦物殘骸上。因
此，地球上既存在著固態的礦物界域，也存在著密實程度達
到水與氣的植物界域。在後者的界域中，經由我們所描述過

的那些事件，氣態身凝結成了液態。與此同時，地球上還存在著最多元形式的動物，有些是液態身，有些則為氣態身。人類的身體也自行從屬於一種密實化的作用力，將最緻密的部分凝結成了液態。新發展的熱乙太在此液態身中穿流著，賦予了人體一種燃汽狀的物質形態。人體的這種物質形態在密修派科學文獻中被稱為火霧，而人就是火霧化成的。

我們對阿卡夏編年史的查證由此來到了月球脫離地球所導致的宇宙激變前夕。

【第十章】
月球的離析

　　我們必須明白現今人類密實的物質身是逐步演化至後期才獲得的。火霧階段的人類形貌更像是水蒸汽或者在空中飄浮的雲。當然此種比喻完全是就外在而言，因為這些火雲「人」是富有內在生命力和身體組織的。不過與後人相比，當時的人類仍處於一種「靈魂沉睡」的狀態，他們的意識非常模糊，而且不具備任何智識和理性。因此，當時的人是藉由類似於四肢的器官向四面八方飄浮行進的，與後來人的邁步行走截然不同。至於其他的部分，先前章節中已談到過一些有關他們心魂狀態的內容。

　　我們不要以為這些存有的行進狀態和生命活動是毫無理性或規律的，相反地，它們全然被規則所貫穿。在人類身上發生的一切都有其意義和重要性，只是背後的心智導引力並不在人身上，而是來自於那些圍繞並引領著他們的更成熟的

高層存有們。「火霧」這個形式有一種非常重要的特質,它能夠讓處在當時演化階段的人寄身於其中,更高層的存有也能夠在其中化現,進入到與人類完全互融的關係中。

走過了先前的演化階段,人類已經有能力將自己的衝動、本能和激情,以火霧的形式呈現出來。如此一來,高層存有們便可借由這火霧開展出智性上的創造力。這些存有們具備更高層的連通上界的能力,祂們的決定和內在驅力皆源自於上界,而這些決定的實際效能是通過火霧顯化的。當時人類在地球上所達成的一切,都是源於自己的火霧身與高層存有的火霧身之間規律性的聯結。

我們可以說人類是在努力向上揚升。他想藉由火霧發展出在「人」的意義上更為高階的特質。其他存有們則是在盡力向物質界「沉降」,繼而將祂們源自上界的神聖創造力,在日漸稠密的物質形態中實踐出來。廣義來說,這種「沉降」並不意味著「降級」,這一點我們必須要清楚,因為若想導引更密實的物質體,就得具備比操控較稀薄物質更高的力量和能力。早期的演化階段裡,這些高層存有也曾經像今日的人類一樣,只能有限地影響著那些於「內在」發生的事。那時粗鈍的外在物質並不從屬於祂們。進入火霧期之後,祂們開始拓展出可以導引外部事物的神聖魔法力量,所以在那個階段裡,祂們的發展層次是領先於人類的。人努力向上揚升是為了以更精微的物質形態去承載智識活動,繼而發展出影響外境的能力。而這些高層存有在更早的時期已經將智性融於自身,所以現在獲得了神聖魔法的力量,為的是

把領悟到的一切向周遭世界清晰地說明（《奧密科學大綱》裡談到上界存有在此階段是以音聲形塑物質的）。人類在火霧階段一直努力向上界揚升，而高層存有則不斷朝下界滲透，拓展著神聖魔法的範圍。

　　人類較低層次的激情和衝動在火霧質態中尤為活躍。高層存有和人類本身都在火霧中最大程度地利用了這些勢能。人利用這些勢能發展出了思維器官以及「個體性」人格；高層存有們則以「非個人性」方式，將這些勢能運用於地球層面的創造和布署。如此一來，宇宙智識法則的意象便透過這些高層存有顯化於地球。藉由激情和本能衝動的驅力，人在自身內發展出了個體性的理解器官，高層存有們則以相同的勢能，在人的周身發展出了富有宇宙性智慧的精微組織。

　　隨著阿卡夏紀錄的徐徐展開，我們來到了稍晚時期的一個重要演化點上。那是月球脫離地球的時刻，這為當時的地球帶來了一場巨變。伴隨著月球的離析，環繞在人類周圍的物質失去了大部分的熱量，變得更加粗重緻密。人為了生存在這冷化的環境中，只能同樣地去改變自己的質態屬性。物質的密實化過程使得地球的生命形態發生了轉變，原本的火霧被截然不同的形式所取代。其結果是，上述的那些高層存有們失去了火霧的行動媒介，祂們不再藉由火霧去影響人類的心魂活動，而後者曾經是祂們在地球開展創造力的主要場域。火霧期結束之後，這些高層存有開始負責掌管在火霧期間由祂們所創造出的人體組織結構。

　　上述變化帶來了人類外形的轉變。他身體的一半連同兩

個運動器官，一起構成了肉身的下半部，成為了營養和生殖的載體。他身體的另一部分則可說是被翻轉成向上直立的形態。在這部分的身體中，其餘的兩個運動器官成為了手臂的雛形，而那些原本用於營養和生殖的器官，則演變成語言及思維器官。這便是月球脫離所帶來的立即結果：人類開始直立。隨著月球的離析，那些在火霧階段協助人類不受外境影響、以實現自體受孕的勢能，也自此從地球上撤出。人的整個下半身——我們所謂的較低層本性——開始受到高層存有理性構成力的影響。在自體生殖力隨著月球離開之前，高層存有們曾經在人體內部管控著繁衍作用，然而當這些勢能撤離之後，祂們就必須通過兩性交合作用來有機化人類的繁衍生殖。

由此我們不難理解為何月亮會被已啟蒙者視為生殖力的象徵。這些影響人類生殖的勢能可以說是隸屬於月球的。我們先前所描述的那些高層存有和月亮有著密切的關係，某種意義上祂們可以被稱為「月神」。在月球離析之前，祂們是藉由地球的月亮勢能在人體內起到作用的，之後則開始從外部作用於人類的生殖繁衍。此過程我們也可以解讀為：高層屬靈力量先前是以火霧為媒介作用於人的低層驅力中較為高階的部分，而現在祂們進一步地沉降，以展開對人類繁衍領域的神聖控制力。

此刻我們開始涉及到祕密教義中的一個重要論述，亦即神聖的高層力量「顯然」和人性中較低層的本能之間有著一股親善力。此處我們必須充分理解「顯然」一詞所有的意

涵。如果把繁殖力看作一種卑劣的東西，那就完全是對奧密真相的誤讀了。只有當人們濫用了這些驅力、迫使它們為一己的激情和本能服務時，這些力量才會呈現出惡質的一面。但是當人們洞見到繁殖力中存在著一股神聖的靈性能量時，這些驅力就會得到「揚升」，而人也可以將其運用在服務地球的發展上，以貫徹高層存有們的神聖意向。奧密科學帶給我們的教誨是，人類的繁衍力將會逐漸揚升，並置於神聖法則的引領之下，但我們不是要去打壓這股本能驅力；此種情況是源自於完全外化了奧密法則，甚至將其扭曲成錯誤的禁欲主義。

我們發現到人的第二部分即身體的上半部，發展出了不受這些高層存有影響的特質。掌控這部分身體的是另一群存有。在早期的演化階段裡，這群存有較人類領先許多，但發展程度卻不及月神，故而無法在火霧中施展自己的影響力。隨著人類在火霧裡形塑出思維器官，這群存有先前缺乏的部分便得到了補全，他們的時代於焉來臨。

月神在較早的演化階段裡已經獲得了影響外境的識能。這股識能在火霧期一開始便存在於祂們的內部，所以祂們可以影響地球的事物。而剛才提到的那群落後於月神的存有們，卻並未演化出這種向外作用的智識，所以他們在火霧階段尚未做好準備。然而現在人身上產生了理解力，於是這群存有們迅速擄掠了人的智識，以此為途徑展開對地球事物的深層影響。在此之前月神是能夠「整體性地」影響人類的，現在祂們只作用於人的下半身，而低於月神的存有們則掌管

了人的上半身。如此一來，人們開始屈於雙重領導之下。他的下半身屬於月神的管轄範圍；他發展出的個體性人格則歸由「路西弗」引領——路西弗是這些存有們的統治者稱謂。

藉由人類已經甦醒的理解力，路西弗存有們補全了自身的演化發展。在此階段之前，他們是無法達到現有層級的。與此同時，他們也引發了人類追求自由和區分「善惡」的傾向。雖然人的理智器官的確是在月神的引導下形成的，但月神卻任由它處於休眠狀態。祂們對於利用人類思維器官這件事並不感興趣，因為祂們擁有自己的智識權能，但路西弗則不然。出於對自身利益的考量，路西弗存有們開始熱衷於人類理解力的推動，並將其導向對地球事物的關注，因此就人類而言，他們才是一切智識活動的導師。然而，路西弗只能扮演「激勵者」角色，無法在「自身之內」發展智性：這份智性只存在於人類身上。如此一來，地球開始出現「兩種方向」的活動。一種是直接由月神所主導、從一開始便合乎上界法則的理性途徑。由於月神已經完成了祂們的學徒期，所以不再有犯錯的可能，但引導人走在第二種方向上的路西弗存有們，卻尚未臻於如此清明的境界。在他們的引領之下，人類只能學著去尋找自己的存在之道。他們必須靠自己去發現那條成為「眾神之一」的歸途。

此處我們遇見了一個問題：如果說先前的演化歷程中，路西弗存有們並未達到在火霧中開展智識創造力的層級，那麼他們是在哪個階段止步了呢？他們又在何時得以和月神一同工作？阿卡夏紀錄為我們提供了相關的訊息。在太陽從地

球分離出去之前，路西弗一直都參與著地球的創造工作。在那個階段裡，他們的工作雖然比月神略少，但仍歸屬於神聖造物天使之列。當太陽分離出去、火霧期的創生活動開始之際，只有月神做好了準備，路西弗存有們則因尚未就緒而進入到一段停滯和等待期。當火霧逐漸褪去、人類基於自己的理解器官而展開行動時，路西弗便結束了休息狀態，再次出現於地球。

創造智識的過程是跟太陽的活動密切相關的。人類本質中智性的黎明，也是內在太陽的破曉。這句表述並不僅僅是比喻，而是相當真切的事實。當火霧從地球消散之後，路西弗在人的身上發現了一個機會，此機會能幫助他們重新開啟和「太陽」相連的創造性活動。

由此我們瞭解了路西弗的另一稱謂「荷光者」的起源，以及為什麼在奧密科學中這些存有們會被稱為「太陽神」。

若想瞭解接下來所發生的事，就得回溯至地球誕生前的演化階段，這是後續的阿卡夏紀錄所要展開的內容。我們會繼續講述和地球的發展相關的存有們出現於地球之前，曾經在其他行星所經歷的演化過程；我們也會更充分地探究「月神」和「太陽神」的本質；動物、植物及礦物界的發展脈絡也會徹底闡明。

【第十一章】
一些必要的觀點

　　接下來我們要探索人類和相關存有們在「地球期」之前的演化歷程。當人類將自身的命運和一個叫「地球」的行星連結在一起時，他其實已歷經先前的一系列演化階段，而在地球上為生存顯化做好了準備。我們必須將這三個演化階段做出區分，亦即所謂的三大「行星期」，奧密科學稱之為老土星期、老太陽期和老月亮期。這些名稱顯然與今日物理天文學中的同名星體無關，但是從廣義上來說，它們之間確實存在著高階密契者們所通曉的某種關聯。

　　誠如某些人所說的，人類出現於地球之前曾居住在其他星球上。但論及所謂的「其他星球」時，我們必須先了解一下地球和其居民們早期的發展情況。在成為「地球」之前，這個星體以及從屬於它的所有生靈，都經歷了土星、太陽和月亮這三個演化期。我們可以說，老土星期、老太陽期和老

月亮期是地球在原始階段的三次轉生。如同人們過去世的化身無法與此生共存一樣，在這個演化鏈上被稱為土星、太陽和月亮的古老存在，今日也不再具有實體性。

人類及地球的其他存有們共同經歷的「行星演化階段」，是接下來要討論的阿卡夏編年史主題。此處需要說明的是，上述行星期的劃分並不意味沒有更早的發展階段，只是先前的一切都沉入了目前的奧密科學所無法洞悉的黑暗中。原因是，奧密科學的探究並非基於臆測或概念化的白日夢，而是奠基於真實的「靈性體驗」。正如我們的肉眼只能看到一定範圍而無法觀到地平線之外，「靈視之眼」同樣也只能洞見到一定的時間範圍。奧密科學是立基於真實的體驗並滿足於逗留其中。只有當人陷入概念細分的牛角尖時，才會想弄清楚到底什麼是「太初之際」，或者「上帝為什麼真的創造了世界」。對靈性科學家而言，這些不如說是認知發展到一定階段時就不再被提出來的問題。

人類在這個星球上為實現自身命運所需的一切答案，都將在靈性體驗的範疇內被揭曉。如果人能夠耐心地證入靈性科學家們所揭示的經驗，他將會在靈性體驗之「內」收穫所有緊要問題的滿意答覆。在後續章節中我們會看到「邪惡的起源」和人們所渴望瞭解的其他議題，是如何被徹底釋疑的。

但我們並不是在暗示人類「永遠」無法得知「世界的起源」或類似議題的答案。他確實可以的。若想達到開悟的境界，首先他得吸收一些與自己較為貼近的靈性體驗所揭示的

奧祕。然後他會意識到，他必須以一種和先前不同的方式來
提出這些問題。

　　一個人對真正的奧密科學領悟越深，就會變得越「謙
卑」。那時他才會意識到人需要如何逐步地準備，方能具足
資格去獲得某種程度的洞見。在認知提升的過程中，驕慢最
終淪為了「不具意義的人品」同義詞。當一個人真的了悟了
一些知識以後，他會發現眼前的道路有多麼漫長。藉由真知
人類明白了自己的所知有限，也感受到在談論這些超感官奧
祕時所肩負的重責。缺乏這些知識人類是無法生存的，但傳
授這些知識的人則必須具備真正的謙卑和自我檢視能力，而
那是源於自我認識和審慎覺知上不可動搖的努力。

　　此處所提出的這些補充非常重要，因為接下來要探究的
是比先前阿卡夏紀錄的章節更高層級的內容。

　　在下面幾個章節裡我們將回顧人類的過往，之後的章節
中我們則會放眼未來。未來是可以被揭示給真正的靈性感知
力的，但必須是人類完成自身天命所不可或缺的啟示內容。
一個不願和奧密科學打交道，只想站在主觀偏見的評審席上
將此領域的一切都判定為空想或白日夢的人，是最難理解人
與未來之真實關係的。雖然此處只消用簡單的邏輯便能釐清
問題所在，但人們寧願接受和自己的先入主見一致的觀點。
就人類而言，偏見乃邏輯之大敵。

　　通曉化學的人都知道，當硫、氧、氫三種元素被置於特
定條件之下時，會按照必然的規律產生出硫酸。化學研究者
可以預測這些元素在特定條件下接觸時必然發生的結果，所

以稱得上是與物質世界相應領域的先知，而其預言只會在自然法則突然變易時失效。靈性科學家研究靈性法則的方式也和物理學家或化學家研究物質的定律一樣，只是他們依循的是此領域所要求的途徑和精準度。人類的發展一向仰賴於這些偉大的靈性法則，而就像氧、氫、硫不會於未來某個時刻以違反自然的方式結合一樣，在靈性法則統轄的領域裡也不會發生違逆規律的事件。由此，通曉此類法則的人確實可以預見「未來的發展秩序」。

此處我們刻意將人類命運的預測和自然科學的研究做個對比，因為真正的奧密科學就是在這層意義上去解讀人類的未來。一些質疑或反駁的聲音會認為，如果事件能夠被預測，那麼人將毫無自由可言。但此人如果真正瞭解了神祕主義的信念，就會明白這份擔憂是多慮了。能夠被預測的都是那些符合靈性法則的事物，而人的意志「並非」由其所決定。我們可以十分肯定的是，在「每個」被給定的情況之下，氧、氫、硫只會依循特定規則合成為硫酸；同樣地，靈性法則也會在特定條件下帶來必然的結果，但究竟要給予它怎樣的條件，卻仰賴於個人的意志。因此，人的意志能夠影響未來的世界大局以及他自身的命運。靈性科學家的確能預見到一些未來的可能性，雖然它們發生與否仍舊要看人自身是如何選擇的。他所預見到的是人類的自由意志導致的未來。在後面的章節中我們會向大家證明這些未來的可能性。

在此需要釐清的一點是，以物質科學的方式預測事件和透過靈性感知做出的預測之間，有「一種」本質上的差異。

物質科學是以智識的領悟力為基礎的，它只能做出基於理智的預測，而整個過程都得仰賴判斷、推理、聯想等活動。相反地，靈性感知上的預測則是源於真正的「高層靈視」或「高階感知」能力。靈性科學研究者必須嚴謹地規避那些基於反思、組合、推測等理性途徑的認知方式。他必須有能力從這些認知中全然抽身，並清楚地意識到所有的思辨或理性哲思等，都是對於真實洞見的障礙。這些理性認知活動完全隸屬於人的低層本能，唯有將其提升至更高的本性當中，人真正的高階感知力才能得到開啟。在這裡我們並不是要反對智識的作用，它們在自身領域中是完全正當且唯一正當的活動。事物本身並沒有高低之分，所謂的高、低只是相較於其他事物而言，甚至在某個層面相對較高的一方，可能在另一個領域裡變成了較低的存在。

　　儘管如此，那些必須仰賴高層感知力來獲悉的事物，是「不能」僅憑思維活動去理解的。即便是最絕妙的智識推演，也無法觸及超感官實相。或許從一般意義上來說，某個人可能是相當「聰慧」的，但這份聰慧在他體認超感官實相上卻毫無用處。他甚至必須捐棄掉它們，將自己完全投入於更高層的視域中，如此才能在不被智識干擾的情況下獲得真知，就像無需過多的思考便直接感知到田野裡的花朵一樣。冥思草地的外貌並不能帶你領略自然之美。在真知面前所有的智識都變得無力，想要洞見到更高層的世界也是如此。

　　依循真正的靈性感知所預測的人類未來圖景，是一切具備真實或實踐意義的「理想」之基礎。人的理想如欲開花結

果，就必須像自然法則立基於自然界一樣地深植於靈性世界。人和社會發展的一切法則都必須是真實的理想，否則就會淪為毫無價值且永遠無法實現的激情及幻夢。從最宏觀的意義上來說，世界史上一切偉大的理想都是源自於清明的高層認知，因為歸根究底它們都來自於那些偉大的靈性科學家或是已啟蒙者。在不同歷史節點上共同引領著人類發展的少數先驅們，則是有意識地或經常以「無意識」的方式，在按照靈性科學家的啟示指引著自己。一切無意識的事物最終都有其意識根源。造房子的泥瓦匠是「無意識」地按照他人有意識的位置選取和建築風格在開展工作，但是對這些做決策的人而言，地點和風格的選取卻是基於某種無意識的東西，而另外的參與者對此則是「有意識」的。例如某位藝術家，他清楚地知道為何特定的風格需要這樣或那樣的線條設計等等，但採取這種風格來設計房屋的人並不能清楚地意識到箇中緣由。

世界和人類發展歷程中的重大事件也是如此。在某個具體領域裡工作的人們身後站著更高層、更有意識的工作者，由此可知人類意識的階次也是一層層地向上和向下延伸著。

在大眾的身後站著發明家、藝術家、科學家等等；他們身後站著奧密科學的已啟蒙者；而這些已啟蒙者的身後則站著超人類存有們。只有明白了普通的人類意識乃眾多意識類型中的一種，同時還存在著「更高」和「更低」的意識形式，這樣才可能真的理解世界和人類的演化發展。但我們同樣不能誤解這種對於高或低層的描述。所謂高低只是針對

一個人恰巧所處的位置而言,因此區分並沒有絕對的意義,就像沒有絕對的「左右」一樣。當一個人身處某個方位時,會有一些物體在他的右邊或左邊,如果稍微向右移動而越過了右邊的東西,那麼先前在右邊的物體就變到左邊去了。同樣地,這種情形也適用於比一般人類「更高」或「更低」的意識類型。當人提升了自己的意識維度時,他與其他意識層級的關係就會發生變化,而這些變化和他自身的演化發展有關。接下來我們有必要透過一些範例來瞭解何謂其他層級的意識形式。

蜂巢和蟻穴宏大的聚合體為我們提供了一個可以申論的例證。這些聚落裡的各類昆蟲,包括雌性、雄性、工蜂／工蟻的協作,是以完全系統化的方式在進行的。它們之間的職責分配堪稱為真正智慧的寫照。在這個聚合體中發生的一切都是意識帶來的成果,如同人類世界的各種組織結構(科技、藝術、國家等)一樣,而且是被有意識地建立起來的。

但蜜蜂或螞蟻社會底層的意識基礎,卻無法於一般人類意識所在的物質界裡發現,我們可以用下述的解釋來描繪一下這種情況。由於我們能夠在物質界裡發現人的存有,並且能看見他的身體器官、物質身的結構等等,所以很自然地也想在這個世界裡尋找到他的意識。但是就蜂巢和蟻穴來說則不然。如果僅僅把目光局限在人所處的物質界上面,那麼我們對其意識形式的理解將會是完全錯誤的。若想找到蜜蜂或螞蟻社會的秩序法則,就不能只局限在蜜蜂或螞蟻的物質身所處的維度裡。

　　我們必須直接朝向另外的維度，去尋找此集群的「意識心」。人類身上同樣的意識心則是存在於物質世界裡，但是就這些動物集群而言，卻必須在另一個「超感官」世界裡去尋找它們的意識心。人若是能藉由自身的意識提升而進入到這個超感官維度，那麼他將會以整全的意識和那裡的姐妹存有──「螞蟻或蜜蜂靈」相遇。事實上，靈性感知者們已經做到了這一點。所以在上述的例子中，我們面對的其實是意識存在於另一個界域的存有們，而它們只是藉由自己的物理器官──個體性的蜜蜂或螞蟻──在連結物質世界。早期的演化階段裡，蜂群或蟻群的意識心也可能像現在的人類一樣，是存在於物質世界中的。後來它們將自身提升到了更高的維度，只在現象界留下能夠活動的器官，亦即個體性的螞蟻和蜜蜂本身。事實上，這樣的過程也將會發生在人類身上，而就目前來說，它其實已經通過某種方式在靈性感知者的身上發生了。

　　現代人的意識之所以能在物質界中發揮作用，是因為其物質粒子──大腦和神經系統中的分子──以相當明確的關係交互作用著。在《認識更高層的世界》（*How Does One Attain Knowledge of Higher Worlds?*）這本書中，我對另外一種連結狀態進行了詳細的論述，此處我們只是簡要地說明一下。在人類更高層級的發展過程中，大腦分子間常規的連結被消融了，於是它們之間的聯繫變得較為「鬆散」，某種程度上靈性感知者的大腦成為了蟻穴般的存有，儘管從「物質結構」的層面尚且無法看出端倪。

　　在物質界不同類型的意識活動中，上述的過程以迥然相異的方式作用著。許久之前蟻穴中的個體分子──螞蟻自身──本是緊密相連的，就像今日人類大腦中的分子一樣。當時與它們相對應的意識和現在的人類意識一樣，是存在於物質世界裡的。當人的意識在未來進展到「更高層」的維度時，他在物質界的各個意識成分間的相互聯結，也會像今日個體螞蟻之間的連接一樣鬆散。而這將會是在未來出現於所有人身上的事情，已經在靈性感知者的大腦中發生了，只是感官世界缺乏足夠精微的工具，所以無法探知這更高階的鬆化過程。如同蜂群中有三種類型的個體─蜂王、雄蜂和工蜂──一樣，在「靈性感知者的大腦」中也有三種類型的分子，而它們其實是各自獨立的生命體。它們依循著靈性感知者在更高層世界的意識指引開展著合作。

　　另一種意識層次則相當於一般所謂的「國族／種族守護靈」的意識形式，但就個體而言這種意識靈並不具備特定意義。然而在靈性科學家的眼中，某個國族或種族的共同生活中，所有集體性的、開明的影響力底端，的確存在著一種意識靈。通過奧密科學的研究，人們發現這種意識靈就像蜂巢或蟻穴的意識心一樣，是存在於另一個維度的。但物質界中並沒有所謂「民俗神」或「種族意識靈」的器官；祂們的器官只能在所謂的星光界中被尋獲。就像蜂巢意識心是透過物質界的蜜蜂在發揮作用一樣，種族意識靈也是通過此民族同胞的星光身在發揮著影響力。因此，這些「國族／種族守護靈」乃是有別於人和蜜蜂等等的另一種存有。

　　若想更清楚地闡明與人類相關的低層及高層存有的生命形態，或許仍需舉出更多的例子，但希望已分享過的內容足以幫助大家理解接下來所要描述的人類演化路徑。只有認清人類和那些意識存在於不同維度的存有們是共同演進的，才能真的理解人自身的發展。人的世界中所發生的一切事件，全都仰賴於這些連結著其他意識層級的存有們，因此也只能藉由這個事實來瞭解所發生的一切。

【第十二章】
地球的源起

　　就像人出生後會經歷嬰幼兒、青少年到成年等不同的發展階段，整體人類的進程也是如此。藉由靈視洞見可以辨識出在地球誕生並成為現今的舞臺之前，人類已走過三大演化階段，而當前我們所處的是這宏大宇宙生涯的第四進程。從這章起我們將系統性地介紹先前的進化軌跡，深層的解讀會從描述的過程中自然呈現出來，並且會儘量使用通俗語言而非奧密科學的表達方式。

　　在地球出現之前已經有人類了，但千萬不要以為人是先生活在其他星體上，到了某個時間點才移居地球的。反之，地球和人類是一起發展演進的。這個星球和我們共同經歷了三大演化階段，「土星期」、「太陽期」和「月亮期」，然後才成為了現今所謂的「地球」。如同前文所說的，只有擺脫現代科學對這些星體名稱的定義，才能正確地瞭解靈性科

115

學家們的解析。除了我們接下來將直接提到的主旨之外，請勿將它們和其他任何意涵聯想到一起。

在人類賴以生存的這個天體成為「地球」之前，它經歷了另外三種形式：土星、太陽和月亮。因此我們可以說，人類是在地球這個星體上歷經了四個主要的演化階段。在地球成為「地球」之前，它曾經是月亮、太陽和更早的土星。後續的講解中我們還會看到，地球或更恰當地來說是發展成現今地球的這個天體，未來仍然要經歷三個階段的演化，奧密科學將它們命名為木星期、金星期和沃肯期。因此，與人類命運相連的這個天體過去已歷經三階段的進化，目前正處於第四階段，未來還要經歷三個階段的發展，直到人類所有內建的天賦都被開發出來，達到人性的完美巔峰狀態為止。

但這與我們熟悉的嬰兒期至青春期的漸進發展有所不同，因為人類和他的「天體身」（heavenly body）並非在不知不覺中逐漸演變到下一階段的。相反地，在不同發展階段之間有個中斷期。土星期結束後並沒有直接進入太陽期，而是經歷了居中的過渡狀態，後續的演化階段之間的更迭也是如此。這種過渡狀態就像兩個白晝間的黑夜，或是種子再度萌發成茂密植物前所經歷的休眠期。

當代西方神智學採納了東方印度教對此過程的描述詞彙，將生命從外部推進的階段稱為「曼梵達拉」（Manvantara），而中間的休憩狀態則被稱為「普若拉雅」（Pralaya）。根據歐洲神祕學的習慣用法，我們可以稱前一種狀態為「開放週期」，後一種狀態為「潛藏或封閉週期」

（當然也有其他的用語）。因此，土星、太陽、月球、地球等演化時段都是「開放週期」，而它們之間的休憩階段則屬於「封閉週期」。

主張休憩期所有生命都會消亡的觀點是非常錯誤的，儘管在現今許多神智學圈子裡還是會聽到這樣的說法。就像人們不會在睡眠時停止呼吸，人的生命和其天體身也不會在「封閉週期」（普若拉雅）中消亡。只不過休憩階段的生命狀態是無法被「開放週期」中所發展的感官覺知到的，就像睡眠狀態下人無法感知周圍的事物一樣。在後續的討論裡大家會逐漸明瞭，為什麼我們會用「週期」來描述各個階段的發展。再後面一點我們才會論及為何這些「週期」需要度過如此漫長的時間。

在各個週期的演進過程中有一個貫徹始終的主軸，那就是人類「意識」的發展。這些不同週期中所發生的一切事件，皆可串聯進這個主軸裡來加以瞭解。

在此我們要沿用歐洲神祕學的定義，將人類於地球期階段發展出的意識稱為「清醒的白晝意識」。人藉由此種意識的感官，覺知到物質界的一切事物和存有，並透過它來形成概念化的認知，然後再依據這份認知於感官世界中展開行動。人類的這種「清醒」意識狀態是在第四演化階段才形成的，它在之前的土星期、太陽期和月球期都不存在，因為當時人類是活在另外的意識維度裡。因此我們也可以說，先前的三大階段是較低層的意識演進過程。

人是在土星期經歷了最低的意識狀態，在太陽和月亮期

逐漸提升，然後進展到了地球期的清醒意識。

　　先前的意識狀態與地球期的區別主要在於兩方面，一是意識的清晰度，二是意識所能覺知的範圍。

　　土星期意識的清晰度是最低的，那是一種完全愚鈍（dull）的狀態。但我們很難確切地說明它，因為即便是現代人睡眠中的沉鈍狀態，也比當時的意識要清明。現代人在非正常的所謂深度出神狀態下，仍可退回到土星意識。奧密科學意義上的靈視者也能夠對土星意識形成正確的認知，但他們本身絕非處在這樣的意識中，而是上揚到了更高的維度。不過，他們的意識有某些方面仍類似於最原初的狀態。現代人所共同經歷過的這種最初始的意識狀態，如今已經被「清醒的白晝意識」抹除。處於深度出神的「靈媒」們（medium）也能退轉回去，進入人類在「土星期」的感知形式中，並且能夠在出神狀態下或醒來後講出與土星期「相似」的經歷。但我們必須謹慎地使用「相似」而非「相同」來描述此事，因為發生在土星期的事件是一去不復返的，剩下的是一些與它們有著親和性的事件，仍然在人類的環境中發生著，而且只能被「土星意識」所感知到。

　　奧密科學所說的靈視者如同靈媒一樣也能連結土星意識，但同時仍保有著「清醒的白晝意識」。這是土星期人類尚不具備而靈媒在出神狀態下喪失的能力。這些靈視者本身並不退回到土星意識，卻能對土星期的意識狀態形成概念化的理解。

　　雖然土星意識某種程度上不如今日的意識清晰，感知上

卻遠遠超越後者的範疇。土星期存有藉著粗鈍的覺知，不僅能巨細靡遺地感知所屬天體上發生的每件事，還能觀察到與土星相關的其他天體上的事物和存有，並且可以對它們產生一定的影響。（土星期存有對其他天體的感知與現代人的天文觀察截然不同。現代天文觀測是基於「清醒的白晝意識」，所以是從外部去探測其他天體，而土星意識則是對其他天體發生的事情直接感知和體驗。下述的比喻雖不盡準確但已相當貼近：土星居民感知土星及其他星球上事物的方式，就像現今人類經驗體內的心跳或類似的事情一樣。）

土星期的意識演化十分緩慢。做為人類第一大發展階段，它同時也歷經了一系列次階段，這些次階段被歐洲神祕學稱為「小週期」（small cycles）。神智學文獻習慣稱這些「小週期」為「輪」（rounds），而將劃分出的更小週期稱為「天體」（globes）。為了清晰起見，我們首先會沿著主階段的發展脈絡、再就次週期的演化進行解讀，然後會補充與人類攜手並進的更高層存有們的發展歷程。

當土星意識的發展完成之後，便進入了我們前文提到的漫長休憩期（普若拉雅）。從這個休憩期中逐漸誕生了被奧密科學稱為「太陽」的天體。在太陽上人類再度從夢中醒來，先前發展出的土星意識已經成為他們的天賦，因此人類的演化是得益於土星種子意識的。我們可以說，進入太陽期的人類提升至更高意識狀態之前，曾重複土星期舊有的情況。但這並非簡單意義上的重複，而是以另一種形式示現的。後續當我們講到次週期時會詳細討論這些形式的轉變，

以及每個「複現」之間的差異，目前我們先系統性地描繪出整體意識的發展。

當土星的情況「複現」之後，人的「太陽意識」便出現了。這種意識較先前的土星階段要略微清晰些，但卻喪失了一定的視野廣度。現代人深睡無夢的狀態和在太陽上的意識很相似，雖然如此，他如果既非靈視者亦非靈媒，仍然無法感知到和太陽意識相對應的物體及存有。如同前文所描述的，處於深度出神狀態的靈媒或真正連接了更高層意識的靈視者，均能感知到太陽期特定的意識狀態。

太陽意識所能觸及的範圍僅限於太陽以及和它聯繫最為密切的天體。太陽期存有們感知這些天體上事件的方式，就像現代人覺知自己的心跳一樣。不過就先前的土星期居民來說，他們的確能以相同方式參與到不屬於土星界域的天體生命中。

當太陽完成了特定次數的週期發展之後，同樣也進入了休憩階段。人類的天體身從其中再度醒來，開始了「月亮期」的旅程。提升至更高的意識之前，人類曾藉由兩個次週期再次「複現」了土星期、太陽期的發展，隨後便進入到月亮意識的階段。對這種意識狀態我們或許更容易理解一些，因為某種程度上類似於現代人充滿著夢境的睡眠狀態。在此需要特別強調的是，它們只是相似而非相同。月亮意識的確是由夢境般的意象所組成，但這些意象和人類周圍的物體及事件是相對應的，在此意義上它類似於現代人「清醒的白晝意識」。雖然如此，月亮意識的這種對應性仍然是遲鈍的，

事實上就像作夢一般。

我們可以用下面的例子來大致描繪一下這種狀態。假設一名月亮期存有靠近了一個物體，比如說鹽（當然那時還沒有現代形式的「鹽」，但為了理解起見，我們可以在腦海中產生這樣的圖象類比）。此月球存有——當今人類的先驅——並不能在自身之「外」感知到具有空間形態、明確顏色或外形的物體；相反地，接近這個物體的過程會讓他的內在產生如夢一般的圖象，彷彿此物體是存在於自身之「內」。

按照所面對的物體之特性，這些圖象會呈現不同的顏色。如果此物體令他愉悅且對其存在有所助益，那麼畫面的色彩會是一種細微的淡黃或淡綠色；如果令他不悅或是對其有害，就會出現如血絲般細微的紅色。奧密科學所指的靈視者今日也以同樣的方式在「觀看」，但他是處在整全意識狀態之下，而月球存有的意識卻如夢境一般模糊。當時出現在這些存有「內部」的圖象和環境之間有著明確的關係，他們的內在不會有任何恣意武斷的反應，因此可以按照這些圖象來指引自己的行為，就像現代人根據感官帶來的印象而行動一樣。

完成人類意識的第三大演化階段——如夢境般的意識發展，便是「月亮期」主要的任務。當「月亮期」存有穿越了適當的「小週期」之後，也進入到一段休憩期（普若拉雅）。接下來，「地球」便從黑暗當中示現了出來。

【第十三章】
地球與其未來

　　人類的第四個演化歷程是在地球上展開的，進化方向就是他目前所擁有的自我意識。在達到這種狀態之前，人和地球仍須以三個較小的週期（神智學所稱的「輪」〔rounds〕）重複土星、太陽及月亮期的情況。人類目前正處於地球的第四個小週期，並且已經走過其中點。在現前的意識狀態之下，他不再只是如夢似幻地去感知心中的那些受環境影響所產生的圖象，而開始覺知到「外在空間」裡的客體。人類在月亮期以及地球複現的小週期中，當一個特定的物體靠近他的時候，心中會產生一種彩色圖象。由這些圖象、音調等所組成的意識活動，在靈魂當中流淌和消褪。只有當第四階段的意識狀態出現時，色彩才不僅僅示現於心魂內部，而開始投射到周遭的外在客體上面；音聲也不再只是迴響於心魂的內部，而開始和外在空間的客體產生共鳴。

正是基於這個原因，奧密科學也稱第四階段的地球期意識為「客觀意識」。此客觀意識是在人類生理感官緩慢成型、開始感知到外在客體多樣性的特質，而在過程中一點一滴發展出來的。除了已經成熟的感官覺知之外，還有一些仍處於萌芽階段，它們會在接下來的地球演化期得到充分發展，以便拓展出比今日更多元化的運作功能。有關地球意識的演化歷程我們先前已有描述，接下來要強調和補充的是一些基本重點。

在地球期的生命演進過程中，人類早期所感知到的內部色彩和音聲等，開始投射到外在變成了環境中的對境。另一方面，他的內在則出現了嶄新的思想世界。先前月亮期的意識是談不上什麼概念或思維的，因為僅僅是由我們所描述過的一些圖象所組成。人對事物的概念和思維能力，大約是在地球期的中段形成的，雖然稍早的時段裡已經在準備和醞釀了。思維能力是人獲得記憶和自我意識的基礎。只有透過概念化的作用力，人才可能對他感知到的事物產生記憶；只有通過思想他才能區分自己和外在環境，認知到自己是具有自我意識的獨立個體──有一個「我」。前面描述過的三大行星期是意識的發展階段；第四個階段則在是意識之外又誕生了「自我意識」。

現今人類的自我意識和思想生命中正在形成更高層次的配置。人類將在地球期之後的幾個行星期經歷這樣的意識提升過程。需要說明的是，我們在此談論的未來意識和後續行星期的生命狀態，並不是荒謬的無稽之談。在此我們要稍事

說明一下，真正的靈視者發展的階次是領先人類同伴的。隨著行星期的演進人們未來才能達到的意識狀態，已經在這些靈視者身上有了進展。因此，從這些靈視者的意識境界我們可以展望未來人類的境界。此外，後續要經歷的三個意識演化階段，事實上已經以初胚形態存在於所有人的身上；我們可以透過靈視探究的方式得知其結果。

當我們說到靈視者目前已經發展出人類未來的意識狀態時，我們必須特別留意以下這一點。舉個例子，今日的靈視者所洞見到的靈界景象，未來會不會以完全相似的物質形式顯化出來，亦即和今日的靈視者們所洞見到的模樣是否完全類似？由於地球本身也在經歷演化和蛻變，所以未來人的物質身會出現和今日截然不同的結構形態，而這些物質形態是在現今人類的靈性和心智中孕育出來的。

例如，靈視者們現在所看見的人周身散發的光和色彩，所謂的「靈光圈」（aura），將會在未來轉化成物質形態；未來人類也會發展出其他不同於今日的感官功能，從而獲得覺知其他質態的能力。不過，今日的靈視者已經藉由他的屬靈感官看見了未來物質實體的靈性範式（例如靈光圈），所以對他來說「看見未來」是可能的，即便很難通過今日的語言、概念來說明此洞見的本質。

目前從人類意識中衍生出的概念與外在形形色色的事物相比，可以說是既暗淡又蒼白。人們因此而認為思想「不真實」，因為與「真實的」外在客體或存有比起來，這種「純粹的思想」並不能被感官所覺知到。但是我們要明白，概念

與思想其實有成為現實和外象的可能性。今天當人們說到
「紅色」的概念時，是不可能在眼前出現一個紅色物體的，
所以只是一種「紅色」的意象罷了。未來人類會到達一個節
點，他不僅可以讓「紅色」這個模糊的概念在心魂中出現，
而且當他想到「紅色」時，「紅色」就能逼真地出現在他面
前。他將會有能力「心想形成」，而不僅僅是擁有概念罷
了。他會以類似於月亮意識的方式達成此目的，但這些意象
不會如夢境一般在他的心魂中起落；相反地，他將以全然的
「自我意識」去召喚它們，就像他今日能夠主動生起概念一
樣；未來人們對一種色彩的想法會讓顏色現形，對聲音的概
念則會讓音聲現身，等等。

　　未來人類將透過自己的精神力量讓一個意象世界在心魂
裡生滅自如，先前的月球期也有一個充盈著人心的圖象世
界，但並不是由他所主導的。屆時外境裡事物的空間特質
並不會消滅。伴隨著某種色彩概念而生出的「色象」將不僅
只是心魂的意象，而是會具體地顯化於外在環境中。如此一
來，人勢必會有能力感知到更高層的存有及對象。這些存有
的靈性和靈魂特質屬於更精微的層次，因此其外形是今日人
類的生理感官無法覺知到的；未來人將會從心魂中創造出更
精微的、示現於外境中的精神色彩和音聲。

　　人類正朝向「自我意識基礎上的心想形成」邁進。在地
球接下來的演化進程中，一方面人的概念和思想將提升至更
高、更精微、更完善的境地；一方面「自我意識基礎上的心
想形成」也會在此過程中逐漸發展出來。但只有在地球期結

束、被奧密科學稱為「木星」的行星期誕生之後，這種嶄新的意識才會在人類身上徹底示現出來。屆時人就可以和那些隱匿在感官次元之外的存有們進行交流了。不止人的覺知力，就連行為、感受與環境的關係，都會發生徹底的蛻變。今日人們只能有意識地影響到具有知覺的存有們，到時候他的自主意識將會作用於截然不同的勢能上；他能完全清晰地接收來自高層次元的影響力。

那時就不再有現今意義上的生死問題了。人之所以會有「死亡」，是因為他的意識仍須透過生理感官系統和外界交流。當這些感官功能衰竭時，他和環境的一切關係便終止了，亦即這個人「已經死去」。當人的靈魂獲得進一步的演化時，就不再倚賴生理媒介而是經由靈魂自身創造的意象，來接收外界的作用力。他會有能力獨立調節自己和環境的交互關係，他的生命不再以違背自身意志的方式被中止；他會成為生與死的主宰。而這一切都將隨著木星期「自我意識基礎上的心想形成」發展出來。這種新的靈魂狀態也被稱為「神通意識」（psychic consciousness）。

在木星期之後的「金星期」，人類則會體驗到另一種新的意識狀態。這種狀態與木星期的不同之處在於靈魂不僅可以創造出意象，還可以創造出實體和存有。這種狀態將發生在人的「自我意識基礎上的客體意識」或稱「超神通意識」中。藉由「心想形成意識」人可以覺知到超感官存有及客體的某些元素，並且能透過意象概念的覺醒來對它們產生影響。但為了成功地策動超感官存有，此存有也必須啟動自

己的能量。因此,人其實是意象的主導者,同時也能借助這些意象產生影響力,但尚未變成這些勢能的主宰。當「自我意識基礎上的客體意識」發展出來時,他才會成為其他維度中創造性能量的統馭者。屆時他不僅能感知和影響無形存有們,而且能自行創造出它們。

以上就是意識發展的完整過程:起初它是模糊的;然後它開始感知到心魂的內在體驗(心魂意象),但仍然無法覺知到其他客體和存有;之後覺知力開始真正發展出來;最後覺知意識蛻變成為創造意識。在地球進入木星期的生命歷程之前,亦即在現今的第四小週期之後,它還會經過三個更快速的小週期,這些小週期將幫助地球意識進一步地完善。在後續章節中我們會詳細地講述它們,也會談到七大行星期的次週期劃分方式,以及更小的週期演化進程。

地球會在經歷一段休憩期(普若拉雅)之後開始木星期的演化,先前的土星、太陽、月亮及地球期的狀態,屆時會以四個小週期的形式再度複現;唯有在木星期的第五次週期中,人類才能達成我們之前所描述的真正意義上的木星意識。以同樣的方式,「金星意識」將會出現在金星階段的第六週期中。

在這裡需要簡單補充一個重點,它對理解後續內容有一定的影響,那就是,不同行星期的演化速度其實是不一樣的。生命在土星期的進展速度最快,在太陽期有所緩減,在月亮期則變得更慢,最後在地球期迎來了最緩慢的演化階段。人類在地球期時段裡意識的進化速度一直遞減,直到自

我意識發展出來為止，隨後便開始反向加速。因此，今日的人類已經度過了進展最緩慢的時期；生命又開始加速了。人類會在木星期回歸到月亮期的演化速度，在金星期達到太陽期的水平。

地球一系列蛻變的最後階段，就是繼金星期之後被奧密科學稱為「沃肯」的行星期。在此階段人類被設定的終點目標將會達成，他會進入「虔敬」或「屬靈意識」的境界。當前面六個演化期的情況複現之後，人將會在沃肯期的第七個小週期中達到這樣的意識境界。事實上對這個行星期的生命狀態，我們並沒有太多可以公開交流的訊息。奧密科學是如此描述它的：「只要靈魂的思想生命仍然和肉身綁在一起，它就無法思索清楚沃肯期以及個中的生命形態」。也就是說，只有那些能夠靈魂出體，於肉身外獲得超感官覺知的高層密修者，方能對沃肯期的情況有所通曉。

因此，人類經過了七大行星期的生命發展，同時也完成了意的七個演化階段。在每個階段裡意識都要經歷七個從屬期的演變，亦即前文提到的七個小週期（神智學文獻稱其為「輪」）。

這些從屬的情況被西方神祕學稱作「生命條件」，而七大行星期則代表更高層的「意識條件」。也有人把每個行星期的七小週期稱作意識演化的七「界域」（realms）。根據這種計算方式，人類總共要經歷七七四十九個次週期或「界域」（神智學中的「輪」），而每一個次週期還要通過七個更小的週期，它們被稱為「形態條件」（神智學所說的

「天體」）。因此，人類的演化週期等於總共要經歷七乘四十九，亦即三百四十三種不同的「形態條件」。

　　接下來我們的討論會讓大家明白，如果總地去研究人類的演化歷程，它其實並不像數字三百四十三聽上去那麼複雜。我們也會明白人只有瞭解了自己的演化旅程時，才能真正知曉自己。

【第十四章】
土星的生命

　　在前文中我們把人類從土星到沃肯這七個宏闊意識的發展階段，類比為一個人從出生到死亡的生命歷程，如同由嬰兒期、兒童期等，一直步入了生命的老年。在此我們可以繼續延伸這個類比。如果說不同年齡層的現代人不但相互跟進，同一時空下的老年人、成年男女、青年人也都「肩並肩」地穿越過生命，那麼意識的發展情況也是同樣的。因此，遠古土星期的人類當中不僅有處於粗鈍意識的先祖們，同時還有許多意識層級更高的存有們也在他們身邊。

　　在老土星階段的演化初期，一些存有們已經發展到了太陽意識的境界，還有一些則處於圖象（月亮）意識或現代人的自我意識階段。除此之外，還存在著第四種「自我意識基礎上的心想形成意識」（神通意識），第五種「自我意識基礎上的客體意識」（超神通意識），第六種「創造性意識」

（屬靈意識）等。需要注意的是，這些列舉並沒有把所有類型的意識完整地呈現出來，因為沃肯期結束後人類還會得到進一步的發展，提升至更高的意識水平。就像我們的肉眼能望見遠方天際的灰色朦朧地帶，靈視洞見者的內在之眼也能遙視到更高階的五種意識形式。然而，想要描繪清楚這些極遠處的意識形式，幾乎是不可能的事。我們可以暫且說意識總共有「十二」個發展階段。

土星期的人類是被其他十一種存有所環繞著。其中最高層的四種存有在土星期開展前已經演化到某種程度，而土星期開始之後，祂們則演進到了超越人界的高維世界層級，所以在這裡我們無法也不必去談論祂們了。

不過，在土星人之外的其他七種存有都和人類的演化密切攸關。接下來我們要講述這些存有是如何以不同的創造勢能為人類的演化提供了無私的服務。

當土星期展開的時候這七種存有中最高階層的，已經達到人類在沃肯期結束後的下個階段才能成就的意識境界，亦即更高的創造性意識或稱為「超屬靈意識」（supra-spiritual consciousness）。這些「創造者」也都經歷過屬人的演化階段，那是發生在土星誕生前的天體上，不過祂們和人類演化的關聯一直持續到土星生命的中葉。由於祂們示現的是莊嚴、精妙的淨光，因而被稱為「放射生命靈」或「放射火焰靈」。鑒於組成祂們淨光身的物質和人的意志有相似之處，所以這些存有也被稱為「意志靈」。

這些存有乃土星人的創造之主。祂們從自己的淨光身中

傾瀉出能夠承載人類土星意識的物質。這件事發生的時期被定義為土星的第一個小週期（神智學術語稱其為「第一輪」），人類以這種方式接獲的靈質成為了他後續物質身的雛形。我們可以說在土星的第一個小週期中，意志靈植入了人類物質身的胚原基，而當時它帶有著粗鈍的土星意識傾向。

其他六個小週期接著在第一個土星小週期後逐一出現。在這些次週期的演化過程中，人類並未進入更高的意識層次，但所接獲的物質身卻經歷了進一步的發展。前面提到的其他類型的存有們，以極為多樣的協作方式參與了這個歷程。

繼「意志靈」之後，一群富創造意識（神通意識）的存有開始了祂們的工作，祂們的意識類似於人在沃肯期才能達到的狀態。這些存有被稱為「智慧靈」（基督密修派稱祂們為「主天使」（Dominions，Kyriotetes），而將「意志靈」稱為「座天使」（Thrones））[1]。在土星的第二小週期中，祂們將自身的發展推進到了某種程度，並且將一種「明智的

1　真正瞭解基督教義的人都會意識到，這些攸關人類之上的高層靈性存有的概念，本是基督教原教旨的一部分，只是在某段時間裡它們被外向化的宗教教義所遺失。真正深入洞悉此問題的人明白，基督教沒有任何理由和奧密科學為敵。反之，後者與真正的基督教義是全然一致的。如果神學家和宗教老師們為深入於基督教義而願意學習奧密科學，那麼他們會發現奧密科學是他們在今日能獲得進步的最佳助力和工具。但許多神學家都是以完全唯物主義的方式在思考，例如我們會注意到，某些為了所謂進一步傳播基督教知識的流行出版物中，竟然有「天使」是守護「兒童和護士」這樣的說法，這是對真正的基督精神的徹底誤導。只有寧願犧牲真正的基督教義來換取所謂「科學式」進步的人才會有此論斷。但總有一天更高層次的科學將會超越這類幼稚的言論，直觸真正的核心。

排列」——理性的結構嵌入了人的身體中。確切地說，這些存有對人類的工作始於土星第一輪中期後不久，大約在第二輪的中期時結束。

第三種具有「自我意識基礎上的客體意識」（超神通意識）的存有被稱為「運動靈」或「活動靈」。在基督密修科學中祂們也被稱為「力天使」（Virtues，Dynamis）（神智學文獻中的「宇宙心」（Mahat）一詞就是與祂們相對應的）。從土星第二輪的中期開始，祂們將人類物質身進一步的完善作用融入了自身的演化歷程。由此，祂們為人體注入了運動和強有力的活動能力，而這個任務是在土星第三小週期中段結束的。

在這個節點之後，第四種存有、所謂「形式靈」的工作就開始了。祂們具有「自我意識基礎上的心想形成意識」（神通意識），基督密修派稱祂們為「能天使」（Powers，Exusiai）。藉由這些形式靈的工作，人類先前狀似浮雲團的物質身獲得了可塑的、有邊界的形態。這些存有們的工作終結於土星第四小週期的中段。

緊接著是「黑暗之靈」的活動，祂們也被稱為「人格靈」或「本位靈」。這些存有的意識類似於現今的地球期意識，祂們是以「靈魂」的形式寄居在人類已成形的物質身中，就像今天人類的靈魂居住在他自己的肉身中一樣。人格靈在人體內植入了一種感覺器官，此器官成為了人類後續在地球期發展感官的初胚。

不過我們必須認識到，這些「感官初胚」與人類現今的

知覺器官有著本質上的差異。地球人並不能借助這些「感官初胚」來覺知。他必須經由太陽期形成的更精微的乙太作用力，透過月亮期所獲得的星光身（這部分會在接下來的章節中詳述），才能產生感官圖象。但「人格靈」可以在心魂中接獲人類「感官初胚」的圖象，如此便能像今日地球期的人類一樣感知到外境。在人類物質身的寄居之旅中，「人格靈」完成了祂們自己的「人性階段」，因此可以被視為從土星第四輪中期至第五輪中期的「人類」。

這些存有將人格及自我本位意識植入到人的肉身中。由於祂們是在土星期才成就了人類意識，所以和人的演化連結了很長一段時間。在接下來的行星期中，祂們對人類也有非常重要的影響，基本上都和灌輸某種自我特質有關。自我墮落和自私皆起源於祂們的作用力，另一方面祂們也是獨立人格的推動者。沒有祂們人類永遠不會成為一個自我封閉的實體或獨立自主的「人格」。基督密修派用「洪荒之始，權天使」（Primal Beginnings，Archai）來描述祂們，在神智學文獻中祂們被稱為阿修羅（Asuras）。

人格靈的工作在土星第五輪的中期被「火之靈」（Sons of Fire）所接替。火之靈在當時僅能產生遲鈍的圖象意識，類似於人類在月亮期的意識狀態，而祂們只有在下個太陽期的演化中才能達到人類現今的自我意識水平。所以當時的火之靈對人類的工作某種程度上是無意識和夢幻般的。然而正是藉由祂們，人類在上個小週期中被植入的「感官初胚」才得以活躍運作。由「火之靈」產生的光之圖象透過這些感官

初胚向外照射，人類先祖因而被提升為能夠放光的存在體。雖然土星期的生命是遲鈍的，但人開始在無邊的黑暗中閃耀著光芒；「人格靈」繼續在廣袤的黑暗中覺知著祂們屬人的存在。

土星期的人類先祖還不能利用自身所發出的光芒。感官初胚的淨光本身是無法表達任何事情的，但其他更為崇高的存有們卻得以借助這淨光向土星期的生命現身。透過人類先祖的光源這些存有放射出祂們神聖本質中的某些部分，並且使其下行至地球這個星體上。這些崇高的存有源自於前面提到過的，演化程度已經超越人類的四種高階存有。在完全非必要的情況之下，祂們從「自由意志」當中放射出了自己本質的一部分。這便是基督密修派所說的六翼「熾天使」（Seraphime，Seraphim）或「愛之靈」帶來天啟一事。這種情況一直持續到土星第六小週期的中段。

接著下來，那些與現代人在深度無夢時所處的意識相似、有著粗鈍覺知的存有們，便開始了祂們的服務工作。這些存有就是「暮光之子」（Sons of Twilight），或稱為「暮光之靈」（Spirits of Dusk）。在神智學文獻中祂們被稱作「月神」（Luna Pitris）或「巴希莎德」（Barhishad-Pitris）。這些存有是在月亮期達到了人類的意識水平，之後當地球期來臨時，祂們和前輩火之靈一樣已經超越了人的級別。在地球期的階段裡祂們是更高層次的存有，被基督密修教義稱為「天使」（Angels，Angeloi），而火之靈則被稱為「大天使」（Archangels，Archangeloi）。這些「暮光之

靈」在人類先祖身上發展出了一種理解力原型，然而當時人的意識仍然遲鈍，所以無法自行運用這份能力。但崇高的存有們正是藉由它才得以再度示現，就像先前熾天使透過人的感官初胚化現一樣。被基督密修教義稱為「智天使」（Cherubime，Cherubim）的存有藉由人類的肉身，將理解力灌注到了整個地球。

到達土星第七小週期的中段時，一種嶄新的活動開始了。當時人類已達至可以在物質身上展開無意識工作的狀態。人類在土星期完全遲鈍的意識狀態中，產生出了「靈人」（spirit man）的胚原基，而這初胚傾向只有臻於演化終點時才能得到徹底的發展。在神智學的文獻裡它被稱為「梵我」（Atma），所謂人的「單子」（monad）當中最高階的部分。這胚原基一開始是相當遲鈍和無意識的，但就像熾天使和智天使在先前兩個小週期中出於自由意志所示現的那樣，這些在土星期初始就從本體中傾瀉出人類肉身原材的高階存有——座天使，也顯化示現出祂們自身。「靈人」的胚原基全然被意志靈的能量所滲透，並且在後繼所有的演化階段持續注入這股能量。當人的意識還相當遲鈍時，對這種初胚傾向是沒有任何覺知的；但是獲得進一步的發展之後，這胚原基就越來越被他的意識所覺知到。

座天使的這項工作在土星生命的末期並未結束，它一直持續到了太陽期的第一個小週期。我們會發現此處所描述的高層存有的工作，並不完全吻合每個小週期開始和結束的節點，它是從一個小週期的中段持續到了下一小週期的中段。

這些高層存有的作用力最活躍的階段是在「兩個大週期之間的休憩期」，其影響從一個週期（曼梵達拉）的中段開始增強，休憩期（普若拉雅）變得最強，然後在下一週期開始之後逐漸減弱（先前我們已經提到過，休憩期生命活動並不會中止）。

從上述的解讀中我們或許能更深地體會到，基督密修學派是在何種意義上道出了以下這句話：在「太初」之際，熾天使、智天使和座天使首度顯化現身。

由此我們發現，土星期的演化經歷了一段漫長的休整，才進入到太陽期。關於後續的演化進程，我們將會在接下來的章節中繼續探討。

為了清晰起見，我們在此要概述一下第一大行星期的進化歷程。

一、人類在此行星期發展出了最為遲鈍的覺知力（一種深度恍惚的意識狀態），同時物質身的最初雛形也得以形成。

二、土星期的演化經歷了七個次階段（稱為小週期或「輪」）。在每一個次階段當中，更高層的存有們展開了各自不同的促進人類演化的工作。這些存有們從上至下包括了：

第一輪的意志靈（座天使），

第二輪的智慧靈（主天使），

第三輪的運動靈（力天使），

第四輪的形式靈（能天使），

第五輪的人格靈（權天使），

第六輪的火之靈（大天使），

第七輪的暮光之靈（天使）。

三、從第四輪起，人格靈將自身提升至人性意識的層級。

四、從第五輪起，熾天使開始顯化現身。

五、從第六輪起，智天使開始顯化現身。

六、從第七輪起，座天使或真正的「人類創造者」，開始顯
　　化現身。

七、藉由座天使的顯化現身，人類在第一個行星期的第七輪
　　中，發展出了「靈人」（或稱梵我）的初胚傾向。

【第十五章】
太陽的生命

在土星期宏大的演化篇章落幕後，接著出現的是太陽期
時代。它們之間有一段休憩期（普若拉雅），在此階段人類
於土星期發展的所有特質就像植物的種子一樣，成為了太陽
期人類的初胚傾向。我們可以說，土星人留下了他沉睡般的
意識種子，而這種子後來逐漸發展成太陽期意識。

因此，人類在太陽期獲得了第二階段的意識發展，這種
意識類似於現代人在平靜無夢的睡眠中所處的狀態。作為間
隔的意識狀態，它打斷了我們日常的白晝清醒意識，而實則
是對太陽期意識的一種殘留記憶。我們也可將其類比為現今
植物所處的遲鈍意識狀態，事實上，我們必須將植物看成是
一種沉睡中的存有。

為了理解人類的演化脈絡，我們需要認識在第二演化期
時太陽只是一個行星，後來才發展成了恆星存有。在奧密科

學的意義上，恆星指的是能夠將生命原力輸送到遙遠的單個或數個行星的球體。在第二大演化週期中太陽尚未達成這樣的狀態，而仍舊和那些被它賦予力量的存有們結合在一起。

當時仰賴太陽維生的一切存有們，包括屬於那個演化階段的人類，都仍然生活在太陽上面。那時並沒有一個和太陽或月球分離的行星地球。存在於現今的地球表面和內部的一切物質、勢能及存有，連同今日一切從屬於月球的存有們，當時都存在於太陽之內。直到下一個大週期（第三大週期）時這個奧密科學所謂的「月亮」，才真正和太陽分離開來。這「月亮」並非現在的月球，而是我們今日地球的前身，或者可以說是地球上一世的化身（前世）。後來到了第四大週期時，「月亮」脫離了自己的物質成分，拋出了今日所謂的月球之後，才成為了地球。所以在第三大週期月亮期時，有兩個星體取代了前一個週期的行星太陽——它們分別是恆星太陽和分裂出來的行星月亮。人類和其他的在太陽期演化出來的夥伴存有們，全都隨著月亮一同脫離了太陽。這些月亮存有先前是從自己的居所（行星太陽）上直接獲得生命力的，現在則開始由恆星太陽「從外部」提供能源給祂們。

第三個大週期（月亮期）之後出現了另一段休憩期（普若拉雅）。在這個階段裡兩個分離出去的天體（太陽和月亮）再度會合，共同經歷了沉睡的種子意識狀態。等到第四大週期（地球期）開始的時候，太陽和行星月亮首次從沉睡的黑暗中示現為一個完整的天體。在這個大週期的前半段時間裡，我們的地球連同人類和其夥伴們一起脫離了太陽。不

久之後它拋出了現在的月球，所以現階段存在著前行星太陽的三個後代成員。

有了這些背景補充之後，讓我們回到第二週期太陽階段的演化。在仍屬於行星的老太陽上面，人和先前在土星期介紹中談到的與人類進化相關的其他存有們，共同經歷了宏大的集體演化第二篇章。於土星期緩慢發展成的人類物質身雛形，如同種子中萌發的植株般在太陽期初始顯化了出來，但是和先前的狀態並不相同。這物質身的雛形被更精微也更強而有力的乙太身所滲透。先前土星人的身體就好比一台了無生氣的機器，現在則藉由逐漸滲透於其中的乙太身，成為了富有活力的存在體。於是，人演變成一種類似於植物的存有，只是外貌並不像今日的植物而是有些肖似現在的人類。當時人頭部的雛形就像今日植物的根部一樣是向下朝著太陽中心的，腳的雛形則如同植物的花朵一樣是朝上的。這種類植物人的有機體還不具備自主的運動能力[1]。

需要注意的是，人類是在太陽期的第二小週期（第二輪）中才發展成上述的狀態。在第一小週期的時段裡人的有機體中尚未出現乙太身，因為這個小週期只是複現了所有在土星期發生的事情。人的物質身仍保留著機器般的特性，不過較先前的土星期略微改變了形式，因為若是繼續保持先前

1　　對於習慣了今日感官覺知的人來說，或許很難想像人曾經像植物一樣生活在太陽上。人的生命體竟然會以這樣的物質形態存在著，似乎令人難以置信。但我們需要意識到，只有今日的植物形態能夠適應現今的物質地球。它會以現在的狀態發展是因為它和環境是相應的。同理，對應於太陽期的環境狀態，當時的類植物人存有則是處於別種生命形態下的。

的狀態，它將無法容納乙太身。於是，人的物質身在這個階段演變成乙太載體的形態。在接下來六個小週期的演化中，人類的乙太身獲得了逐步的發展，而藉由它對物質身所產生的作用，後者也逐漸進化成越來越完美的形式。

在人身上出現的轉化蛻變工作，是由上一章提到的與人類演化相關的高層存有們所推動的。

那些被稱為「放射生命靈」或「放射火焰靈」的存有（基督密修派的「座天使」），無需再進行土星期開展的工作，因為在土星第一輪的前半段時間裡，祂們已經完成了相應領域的任務。從第一個太陽小週期（太陽第一輪）可以觀察到「智慧靈」（基督密修派的「主天使」）的事功。這些存有曾經在土星第一輪中期介入了人類的發展（見前一章）。在太陽期第一輪的前半段時間裡，祂們繼續其事功的完成。接下來的這個演化階段裡，祂們再度展開對人類物質身的「明智排列」。

不久之後「運動靈」（基督密修教義中的「力天使」，神智學文獻中的「宇宙心」）加入了進來，於是土星期曾走過的一段演化旅程再度複現。人的物質身因而接獲了運動的能力，再次變得可以移動。以同樣的方式，「形式靈」（能天使）、「黑暗之靈」（基督教義中的「權天使」，神智學中的「阿修羅」）、隨後的「火之靈」（大天使）以及最後的「暮光之靈」（天使，月神），依序重複了祂們在土星期的工作。我們又描述了一回太陽期第一輪（第一「至」（solstice））的前六個小階段的演化路徑。

在第一輪的第七小階段裡「智慧靈」再度介入演化的活動。先前的工作中祂們賦予了人身智性的結構，現在祂們將智性給予了人類已能活動的四肢，而使得四肢運動成為智識引導下的活動。先前表達內在智慧的只有人類的物質身結構，現在人的運動本身也變成了智識的表達方式。於是，太陽期第一輪的演化便告一段落。這一輪是由七個連續的小階段組成的，每個小階段都是土星次週期（土星的一輪）的短暫複現。在神智學文獻中，人們習慣將這七個小階段稱為「天體」（因此，每個演化階段的每一輪都會在七個「天體」中進行）。

一段休憩期（普若拉雅）之後太陽期第二輪的演化又展開了。每個單獨的「最小輪」或「天體」的發展，我們將會在後續章節裡討論，現在要繼續介紹太陽期的進程。

當太陽期第一輪結束時，由於「智慧靈」以智性灌注到人類的運動功能裡，人的物質身因而準備好接受乙太身的作用力。

與此同時，這些「智慧靈」本身也得到了進一步的演化。透過祂們開展的事功，精微質從祂們自身中傾瀉出來，如同「意志靈」在老土星期初始放射出精微質成為人類物質身的原材一樣。這些「智慧靈」賦予人的原材是「乙太」，亦即流動的、充滿勢能的智慧，換句話說就是「生命力」。因此，人的乙太身或稱生命體，其實是源自於「智慧靈」放射出的能量。

這種放射作用一直持續到大約太陽期第二輪的中段，隨

後「運動靈」開始了祂們嶄新的活動。先前運動靈的工作只能延展至人的物質身；現在它被轉移到乙太身的層次，並且在其中植入了一股強大的活動力。這個過程持續到太陽期第三輪的中段。然後「形式靈」的工作開始了，藉由祂們人的乙太身獲得了一種確切的形式，在此之前它只具有雲一般的流動性。

在太陽期第四輪的中段時，「形式靈」演化出人類在地球期和木星期結束後的「金星期」才能成就的意識，亦即「超神通意識」。這種意識是祂們在太陽期第三輪和第四輪中建立事功的回報。於是，形式靈開始能夠轉化人類在老土星期和之後所發展出的感官初胚，方式是透過乙太身來「活化」原先的感官功能。

經由類似的過程，「黑暗之靈」（又稱「人格靈」，對應基督密修派的「權天使」，神智學中的「阿修羅」）在這段時期達到了「神通意識」的水平，亦即人類在接下來的木星期才能發展出的「自我意識基礎上的心想形成」覺識。祂們開始有能力從星光界展開有意識的行動，而人的乙太身也由此接收到來自星光界的影響。「黑暗之靈」是如此影響著人的乙太身的：祂們將自我本位意識（獨立和利己）植入其中，就像祂們先前在人類物質身中的作用那樣。我們會在後續的演化過程中看清楚這些存有是如何在人的生命體各個層面灌注利己主義的。

同時，「火之靈」則達到了今日人類所擁有的白晝清醒意識。這些存有可以被視為太陽期的人類，祂們能夠利用人

體與外境交流。「人格靈」也從老土星的第四輪中期之後，以類似的方式利用過人的物質身（當時祂們已經達到了人的意識水平），不過是藉由人的感官初胚來展開某種覺知活動的。而「火之靈」的作用則是將祂們靈魂中的暖識傾注到周圍的環境中。由於人的物質身也演化到了一定程度，所以能夠透過火之靈完成同樣的活動。火之靈放射的原力類似於母雞在孵蛋時的溫暖能量，亦即它具有喚醒生命的力量。所有存在於人類及其同伴身上的這股喚醒生命的原力，都被當時的火之靈植入到乙太中。事實上，我們在此討論的是讓生命繁衍的溫暖原力的起源，後續講到月球從太陽分離出來的過程時，我們會更加明白這原力發生了怎樣的變化。

到了太陽期第五輪的中段時，「火之靈」已經能夠在人的乙太身中灌注先前透過物質身所賦予人類的能力。如此一來，祂們代替了「人格靈」在人類乙太身上進行的工作，成為了生殖活動的發起者。

人類物質身的工作則被「暮光之靈」（基督密修派所稱的天使，神智學所說的月神）接替。當時暮光之靈已獲得類似於人將會在月亮期體驗到的模糊圖象意識。在土星階段裡祂們賦予了人類先祖一種理解的官能，現在祂們進一步發展了人類心靈的物質身工具，以便在後續的發展中能夠有意識地運用它們。如此一來，「熾天使」就能在第五輪的中期展開之前藉由人的身體，以一種比土星期更完整的方式在太陽上示現自己。

從太陽階段第六輪的中期開始，人類已經能無意識地對

自己的物質身展開工作，因此「暮光之靈」的工作於焉解除。藉由這暗鈍的作用力，人類創造出了「富生命力的屬靈存在」的初胚傾向，亦即所謂的「生命靈」（「阿賴耶識」（Buddhi））。人類只有在演化的後期才能意識到內在的生命靈。就像從土星期第七輪所展開的工作，「座天使」也自願將祂們的力量傾注到當時所形成的「靈人」初胚傾向中，而現在「智天使」也傾瀉出祂們的智慧，這些智慧是為了人類「生命靈」之後的所有演化歷程所儲備的。從太陽期第七輪的中段開始，形成於土星期的靈人（梵我）胚原基再度示現。它與生命靈（阿賴耶識）結合而形成了「生命單子」（梵我—阿賴耶識）。

當人類無意識地在物質身層面展開工作的同時，暮光之靈接管了乙太身的工作以促成更進一步的演化。在這個界域裡祂們是火之靈的後繼者。暮光之靈則將自身的圖象意識放射到人的乙太身中，從而在一種夢幻狀態之下，開始享受著由先前火之靈所激活的乙太繁衍力。由此祂們為繁衍的愉悅感之發展做好了準備。這種愉悅感在後來的月亮期也出現於人類及其同伴身上。

人的物質身在先前的土星期已經形成，但那時它是完全缺乏生命力的。這種沒有被生命力穿透的存在體被奧密科學稱為礦物體。因此我們可以說，人類在老土星期是一種礦物性的存在，或者說他經歷了礦物的演化階段。這種礦物人不具備現代礦物的形貌，而今日的礦物當時並不存在。

正如前文所描述的，這些從睡眠的暗昧狀態中像種子萌

芽般再度蘇醒過來的礦物人，是在太陽期接收到了乙太生命力。人於是變成了一種類植物存有，並由此而經歷了植物的境界。

但並非所有的礦物人都以此方式獲得了生命力，這件事之所以不可能發生，是因為類植物人需要礦物作為生命的基礎。如同今日沒有一棵植物可以不仰賴礦物的養分生存，太陽期的類植物人也是如此。為了進一步的發展，人不得不將其雛形中的一部分留在礦物層級。由於太陽期的環境條件和土星期截然不同，所以這些被強行推回到礦物層級的存有們和老土星期的礦物，在形態上是相當不同的。因此，隨著類植物人的出現，另一種特殊的礦物王國於焉誕生。我們由此發現人類更高層的揚升之旅目標，乃是透過將一部分同伴強行推回到較低的境地而實現的。

在後續的發展階段中我們會看到此過程屢屢重複。這是和生命發展的一則基本規律相符合的。

為了清晰起見，我們必須再次概述一下太陽期的發展史實。

一、人類在太陽期發展出了第二種意識狀態——無夢的睡眠狀態。藉由將乙太身融入到物質身中，人成為了一種類植物存有。

二、太陽期的發展總共經歷了七個次階段（小週期或「輪」）。

1. 第一輪複現了老土星期的演化歷程，人的物質身是此輪的發展核心，並且在此輪的複現中略微改變了原先

的形態。

2. 第一輪結束時，「智慧靈」開始從自身中傾瀉出人類的乙太身。

3. 第二輪中期時，「運動靈」展開了在乙太身的工作。

4. 第三輪中期時，「形式靈」展開了在乙太身的工作。

5. 第四輪中期時，「人格靈」賦予了乙太身自我本位意識。

6. 同時，人的物質身在先前展開的各種影響之下演化到一定程度，從而轉變成讓「火之靈」寄居其中的載體，並且從太陽期的第四輪開始，將自身提升至現今人類的白晝清醒意識。

7. 第五輪的中期時，先前已經穿越屬人階段的「火之靈」開始接管乙太身的工作，「暮光之靈」此時則活躍於人的物質身中。

8. 第六輪的中期左右，乙太身的工作被轉交給「暮光之靈」，同時人類開始在自己的物質身層面展開工作。

9. 第七輪的演化過程中，「生命單子」開始形成。

【第十六章】
月亮上的生命

　　在接著太陽期而至的月亮時段裡，人類迎來了七階意識演化的第三篇章。他在土星期的第七輪獲得了第一種意識狀態，在太陽期則演化至第二種；在現今的地球期所經歷的是第四種；其餘的三種狀態將會在後續的行星期示現出來。土星期的人類意識是無法與現今任何意識狀態相較的，因為它比「無夢的睡眠狀態」還要遲鈍。不過，太陽期意識的確可以類比為無夢的睡眠狀態，或是現今植物界的沉睡意識。但我們必須清楚的是，這些類比僅僅是基於近似性，若是認為在這宏大宇宙演化進程中有任何事是以完全相同的方式複現的，那就大錯特錯了。

　　或許我們可以將月亮期意識和近似的「有夢睡眠狀態」做個對比。人類在月亮期獲得了所謂的「圖象意識」，這種意識狀態與有夢的睡眠意識的共通之處，就在於它們都會產

生與外在客體及存有們相關的「意象」，但這些意象又不是
現代人清醒意識下所看到的實際景象。

人夢境中產生的意象可能是他日常經歷的再現，也可能
是對夢中所處的環境或內在發生的事件象徵性的表達。我們
很容易就聯想到下述這三種夢境的例子。首先，我們都體驗
過那種屬於早期或晚近人生經歷的剪輯式夢境。第二種類型
是做夢者以為自己看到了一列火車經過，醒來時卻發現是在
夢中感知到身旁鐘錶的滴答聲。第三種情況則是夢到身處於
有隻醜陋動物的閣樓裡，醒來時卻意識到所感受的其實是自
己的頭痛。

若想根據這些混亂的夢境去瞭解月亮期意識，那麼就必
須認清月亮期意識雖然是「圖象」式的，但完全富有規律性
而不像睡眠意識那麼迷惑和隨意。雖然月亮期意識的圖象與
對應物的相似程度甚至比夢境意象還要少，但這些內在圖象
和外在客體卻是完全「呼應」的。

現今的地球期意識所產生的概念是對外在客體的一種
「擬象」。譬如，人對桌子的概念是對桌子本身的擬象，而
這和月亮期意識是不一樣的。舉個例子，假設月亮期的某個
人正在接近一個對他來說相對愉悅或有益的客體，這時他的
心魂中會浮現出一幅明亮的彩色圖象；而當有害或令人不悅
的客體靠近他的時候，看到的則是一幅醜陋又陰暗的圖象。
因此，月亮期意識所產生的概念不是對外境的擬象，而是相
當明確又規律的與外境呼應的「象徵」。月亮期的人就是遵
循這些象徵性概念來指導生命的。

　　因此我們可以說，月亮期人類的內在生命是由近似於現代人的夢境，一種富有變易性、流動性及象徵性的圖象所構成，然而和現代人的夢境不同的是，這些圖象完全是井然有序的。

　　月亮期的人類先祖之所以能發展出這樣的圖象意識，前提在於當時的人類除了物質身和乙太身之外，已經開始擁有第三重身——星光身了（astral body）。

　　然而，這星光身是在月亮期的第三小週期（第三輪）才形成的，前兩輪只能被視為土星期和太陽期事件的複現。但我們不能把這複現想像成土星期和太陽期所有事件的重演。當時「重演」的部分是人類物質身和乙太身的建構。通過這些轉化和蛻變過程，人類的這兩重身才得以在後續第三輪中與星光身結合，而這種結合是不可能在太陽期發生的。

　　在月亮期第三輪（事實上在第二輪中段便已開始）的階段，運動靈將祂們靈質中的星光質灌注給了人類。到了第四輪的階段（從第三輪中段開始），形式靈開始對星光身進行塑造，使得它的形式和整個結構出現了內部的演化進程。這些內部的作用力和現今動物及人類的本能、慾望或所謂的嗜好，有著相同的特質。從月亮期第四輪的中段開始，人格靈展開了祂們在月亮期第五進程的主要任務：祂們為星光身灌注了自我意識，就像之前的演化階段中對人類物質身和乙太身所做的工作那樣。為了使人格靈的事功順利展開，讓人的物質身和乙太身能夠承載獨立的星光身，這兩重身必須在月亮期第四輪階段達到足夠成熟的狀態。這些前期準備工作是

在下述進程中實現的：透過月亮期第一輪的運動靈、第二輪的形式靈、第三輪的人格靈、第四輪的火之靈以及第五輪暮光之靈所承接的事功，人類的物質身獲得了必要的成熟度。確鑿地說，暮光之靈的工作是從月亮期第四輪中段展開的，所以當暮光之靈對人類物質身進行工作的同時，人格靈也開始了星光層面的工作。

就乙太身而言情況則是：經由月亮期第一輪的智慧靈、第二輪的運動靈、第三輪的形式靈、第四輪的人格靈以及第五輪的火之靈所承接的事功，它發展出了承載星光身的必要特質。確鑿地說，火之靈的「此種」活動與人格靈在星光層的工作是同時展開的，亦即它們共同開展於月亮期第四輪的中段，並且一直持續到第五輪的階段。

整體來看人類在月亮期的狀態，我們可以說從第四輪的中段開始人們就由暮光之靈在其物質身進行工作，火之靈則是作用於他們的乙太身，人格靈作用於星光身。

暮光之靈在這段期間於人的物質身展開工作，意味著祂們上升到了「人」的存在水平，就像土星期的人格靈和太陽期的火之靈那樣。當時人類物質身的「感官初胚」已經獲得進一步的發展，這讓暮光之靈從月亮期第四輪的中段開始，得以藉著人類的感官初胚去覺知此星球上的客體和種種事件。

人類自身則是到了地球期才達到此種感知水平的，其感官的獨立運作功能始於地球期第四輪的中段。不過到達月亮期第五輪的中段時，人類已經能夠「無意識地」對物質身起

到作用。通過這鈍感的活動，他為自己創造了「靈性我」
（末那識，Manas）的初胚傾向。這「靈性我」的初胚在後
續演化歷程中得到了充分發展。

靈性我與梵我（「靈人」）、阿賴耶識（「生命靈」）
這三位一體的結合，共同構建了後續人類組成部分中更為高
層的靈性元素。如同土星期的座天使（或稱意志靈）將其勢
能注入到「靈人」（梵我）的初胚中一樣，太陽期的智天使
也將智慧注入到「生命靈」（阿賴耶識）當中，而現在，熾
天使更是展開了對人類「靈性我」（末那識）的灌注。祂們
在人類的「靈性我」中注入了一種在後續地球期會蛻變為概
念化功能的特質，從而幫助人類演化成以「思想」和周遭世
界建立聯結的存有。

從月亮期第六輪的中段開始，「生命靈」（阿賴耶識）
再度出現，然後於第七輪的中葉開始複現「靈人」（梵
我），由於它們與「靈性我」結合了，所以當整個月亮期結
束時，更高層的人類演化進程已經準備就緒。接下來，人類
和所有在月亮期發展出來的事物共同經歷了一段休憩期（普
若拉雅），以準備迎接後續地球期的演化歷程。

人類於物質身層面展開粗鈍工作，是在月亮期第五輪中
葉進入第六輪的過程裡，而暮光之靈則投入到乙太身的事功
中。正如我們先前所描述的，暮光之靈在上一輪裡對人類的
物質身進行工作，經由此過程祂們做好了準備，在新的階段
到來時接替火之靈在乙太層面的工作。火之靈則接管了人格
靈對星光身的工作，此時的人格靈已經揚升至更高的維度。

　　暮光之靈在乙太身展開工作的方式，是將祂們自己的意識和乙太身的意識圖象聯結。由此，祂們在乙太身的內在圖象中植入了對事物「快樂」或「痛苦」的感受。在太陽期的階段裡，祂們僅僅在物質身的層面展開了相應的活動，所以當時人類的苦與樂只和物質身的功能及其處境相關，而現在情況很不一樣了，因為快樂和痛苦被聯結到乙太身中所示現的象徵意象上。如此一來，「暮光之靈」藉由暗鈍的人類意識經驗到了一種情緒世界，這是人類在接下來的地球期意識中所體驗到的生命活動。

　　與上述進程同時發生的是火之靈在人類星光身中的活躍事功，人從而使得星光身能夠主動地感知外境，先前的快樂或痛苦帶有一種被動（不活躍）的特質；這些情緒只是對外境的一種被動映射。火之靈在人的星光身中激起的卻是各種生動的「情緒」，包括愛與恨，憤怒、害怕、驚恐、激情、本能、衝動等等。由於人格靈（阿修羅）先前已經將自己的靈質灌注到人的星光身中，所以人類的這些情緒都是以自我本位和界分式的特質呈現的。

　　現在讓我們回顧一下人類在月亮期的形構過程。他除了有一付物質身之外，同時還在粗鈍的意識中藉由此物質身發展出「靈性我」（末那識）；除此之外更產生了乙太身，暮光之靈經由此身而感受到苦與樂；最後他擁有了星光身，在火之靈的影響之下，這層精微身開始被衝動、情緒及激情所驅策。不過，當時人類的這三重身仍然是缺乏客觀意識的。人的星光身在此階段出現的起起落落意象裡，閃爍的是上述

內文所提到的那些情緒，而當客觀意識在地球期出現時，這層星光身便成為了概念化思考的載體和工具。但人的星光身在月亮期已展露出最完整的獨立性，而且較後續地球期的狀態更為活躍和激進。若想描述其特質，我們可以說當時的人類只是一種動物人。比起現今地球期的動物，他的層次更高一些，而且更完整地詮釋了動物性為何。某種程度上，這些特質比現今動物的天性還要野蠻和放肆。因此，在當時的發展階段裡，人類可以說是介於現今的動物和人之間的一種存有。如果沿著這條路徑繼續演化下去，最終人類只會變成粗魯又放縱的生命體。地球期的發展意味著人類動物性的趨緩和馴服，而這都是由思維意識帶來的結果。

如果說太陽期的人類可以被稱為類植物人，那麼月亮期的人則可稱為「類動物人」。「類動物人」的出現意味著整個星球的環境發生了變化。我們在先前提到過，太陽期之所以能演化出類植物人，是因為這些類植物人的身旁出現了獨立的礦物王國。在最初的兩個月亮紀元（月亮期前兩輪）裡，這兩種較早出現的界域——植物和礦物界——再次從黑暗中示現出來，它們的轉化僅僅在於變得略為粗糙和密實。

到了月亮期第三輪的階段，植物界中分裂出了一部分，它們不再繼續參與密實化的進程，但正是這個分裂出來的部分，提供了可以形構人類動物本性的原料。人的動物本性與月亮期成熟的乙太身以及新誕生的星光身結合，共同組成了我們前面描述過的人的三重身。在太陽期開始形構的整個植物界不可能全部發展成動物，因為動物需要依靠植物生存。

植物界是動物界存在的基礎。就像太陽期人類只能藉由將部分同伴推入較粗糙的礦物王國，來提升自己成為類植物存有一樣，月亮期的類動物人情況也是如此。他將太陽期仍然與自己有著相同植物屬性的一部分同伴，遺留在了較為粗糙的植物界域。月亮期的類動物人則是介於今日的動物和人類之間，當時的礦物也介於今日的礦物和植物之間。月亮期的礦物是帶有植物屬性的。當時的岩石並非現今意義上的石頭，而是有著活躍、萌發、不斷生長的特質。同樣地，月亮期的植物也具有一定的動物屬性。

月亮期的類動物人尚未形塑出堅硬的骨骼，其骨架仍屬軟骨質脊。當時人類的整體特質與今日相比更柔軟一些，所以移動的方式也和今日不同。他並非藉由行走而是通過跳躍甚至漂浮的方式在移動著。這是因為月亮期並沒有地球今日這般稀薄的空氣，它的外層是相當厚重的，其組成元素甚至比現今水的密度還要大。人類在這具有黏性的元素中前後、上下移動著，而其中也生活著能夠讓人汲取養分的礦物及動物。此元素中甚至還包含著人類後來所擁有的自體繁殖能力。當時人還沒有發展出雙性，他只有一種性別。那時人體是由水狀的大氣所構成的。但經歷了這個過渡階段之後，演化來到了月亮期的末尾，這時一些類動物人身上已經發展出兩性特質，準備好要迎接後續地球期的演化情境。

月亮期的第六輪和第七輪階段開始呈現出上述過程的衰退式演化，這同時也意味著一種過度成熟的進化狀態。此種狀態一直持續到休眠期（普若拉雅）的來臨。在那之後，所

有從屬於月亮期的存有們都進入到休眠狀態，以準備迎接地球期的降臨。

在這裡我們需要補充一個重點，人類星光身的發展是跟某個宇宙演化進程相關的。當太陽期結束之後，太陽再度從黑暗中甦醒過來，在這個不斷演變的星球上生活的所有居民，當時仍然是以一體性的形式寄居其上的。但這個重新甦醒的太陽和先前並不相同。它的整個實體不再像以往那樣不斷向外透光，而是開始有一些黑暗的部分呈現出來。我們可以說，它們是從原先均勻的質地中分離出來的。從第二輪的階段開始，這些部分逐漸聚合為一個獨立的成員；太陽就這樣變成了像鬆餅干一樣的存在。它是由兩個部分組成的，一部分相當大，另一部分則非常小，不過兩者仍然通過紐帶連接在一起。在第三輪的階段中，這兩部分完全分離開來，由此而出現了太陽和月亮兩個獨立的天體；行星月亮繞著恆星太陽進行圓周運動。和月亮一起離開太陽的，便是我們在此章所描述的那些在月亮期經歷不同發展過程的存有們。人類星光身的誕生就是發生在分裂出來的月亮上面。我們之所以要描述太陽和月亮分離的過程，是因為此乃星光身獲得進一步發展的前提。只要屬人存有們仍然從棲息地太陽中汲取能量，就不可能達成我們先前所描述的演化狀態。等到第四小週期（第四輪）來臨時，月亮成為了一個獨立的行星，月亮期後續幾輪的演化歷程都發生在這個行星月亮上。

此處我們要再次概述一下月亮期的演化過程。

一、月亮期是人類發展象徵式圖象意識的行星期。

二、月亮期的前兩輪複現了土星期和太陽期的演化歷程。

三、在月亮期第三輪的階段裡，運動靈釋出了靈質，人類的星光身於焉誕生。

四、與上述歷程同時發生的宇宙事件是月亮從再度甦醒的太陽合一體中脫離了出來，並且開始圍繞著太陽的剩餘部分旋轉。與人類相關的存有們的演化開始示現於行星月球上。

五、在第四輪的階段裡，暮光之靈寄居於人類的物質身中，從而將自己提升至人的水平。

六、正在發展的星光身被人格靈（阿修羅）注入了自我獨立性。

七、在第五輪的階段裡，人類開始了物質身層面的粗鈍工作，由此「靈性我」（末那識）得以誕生，並加入了既存的靈性單子中。

八、在月亮期的演化過程裡，人的乙太身產生了一種苦與樂的感受，這種感受具有被動的特質。另一方面，在星光身中則發展出帶有主動性的憤怒、瞋恨、本能衝動、激情等情緒。

九、早先的兩個被強推至較低次元的植物界和礦物界，則連結上人類當時所存在的動物界域。

　　隨著月亮期的演化逐漸接近尾聲，行星月亮開始越來越靠近恆星太陽，而當休憩期（普若拉雅）出現時，這兩個球體再度合一，共同進入了休眠階段。當此階段結束之後，我們現今的地球期時代便正式展開。

【第十七章】
地球期的生命

先前章節描述了人類所謂「低層本性」的組成部分——物質身、乙太身和星光身是如何相繼形成的。我們瞭解到隨著新一層身體的出現，舊的部分必定經歷轉化，以便自身能成為後繼之身的載體和工具。人類意識的進化同樣與此過程相關。當人類僅僅擁有物質身時，他只是一種完全愚鈍的意識體，其沉鈍程度甚至無法相較於現今被歸為「潛意識」的無夢深睡狀態——後者是在乙太身出現後才形成的。隨著星光身的示現，人類開始擁有模糊的圖象意識，這種意識類似於現今人的有夢睡眠狀態（但不盡相同）。在接下來的內容中，我們將進一步描述人類意識演化的第四階段——眼前地球人的意識狀態。

現代人的意識狀態是在第四宇宙紀元，即土星期、太陽期和月亮期之後的地球期才發展出來的。

在土星期時人類的物質身經歷了不同階段的演變，但那時它還無法承載乙太身。乙太身的出現是在太陽期來臨之後。人的物質身在太陽期歷經了轉化、從而成為乙太身的載體，換句話說，乙太身開始在物質身中工作。後續的月亮期階段星光身加入了其中，而物質身和乙太身也再次歷經轉化，為當時出現的星光身提供了合適的載體及工具。所以在月亮期的階段，人是由物質身、乙太身和星光身共同組成的生命體。藉由乙太身他感受到了快樂和痛苦；通過星光身他成為了具有情緒、憤怒、恨與愛等等的存在。

如同前文所描述的，高層存有們一直在人類不同的身體次元上活躍地開展事功。在月亮期的階段裡，乙太身借由暮光之靈獲得了感知快樂與痛苦的能力，而星光身中的情緒則是由火之靈所植入的。

與此同時，在土星、太陽和月亮這三個宏闊的發展週期中，還有另外的事情在發生著。靈人（梵我）在意志靈（座天使）的協助之下，於土星期的最後一輪開始形成。太陽期的倒數第二輪階段裡，生命靈（阿賴耶識）於智天使的協助下加入到生命單子的序列中。而在月亮期倒數第三輪的階段裡，靈性我（末那識）則經由熾天使的事功與其他兩種靈性成分結合。所以，這三大週期的演變歷程形塑出了兩種人類根源：一是較低層的屬性，由物質身、乙太身和星光身所組成；一是更高層的生命單子，由靈人（梵我）、生命靈（阿賴耶識）和靈性我（末那識）所組成。人的高層與低層本質起初是分別走在不同演化路徑上的。

　　地球期的發展使命乃是將人的這兩種不同的起源聯結在一起。

　　讓我們回到月亮期的演化末尾。在月亮期第七輪結束後，所有從屬於月亮界域的存有們一同進入了休眠狀態（普若拉雅）。我們可以說一切事物都混合到一起，形成了一個匀質體，其中包括月亮期分離出去的恆星太陽和行星月亮；它們在月亮期最後一輪中再度熔為一體。

　　當休憩期結束之後，新一輪地球期的演化又開始了，首先是萬物必須先複現它們的本質。於是，地球期的第一輪複現了土星期的狀態，第二輪複現了太陽期的狀態，第三輪則複現了月亮期的狀態。到了第三輪的階段太陽開始脫離月亮，月亮存有們複現出和月亮期大致相同的存在形式。那時人類較低層本性的發展是介於現代人和動物之間；植物則介於現今的動物和植物之間；而礦物的屬性中只有一半帶有今日的無生命特徵，另一半仍然帶著類植物特質。

　　從地球期第三輪後半段起其他的一些事物已經在準備中。礦物開始硬化，植物逐漸喪失動物的感知性，而從動物人中發展出了兩種類別。其中一種仍停留在動物層次，另一種的星光身分化出了高層和低層兩個部分。較低的部分繼續成為情緒的載體，較高的部分則得到了一定程度的獨立性，能夠開展出對低層身——物質身、乙太身及低層星光身——的控制力。那時人格靈進駐到這個較高層的星光身當中，並將先前描述過的獨立性和自私性植入其中；火之靈僅僅作用於人類低層星光身的次元，暮光之靈則活躍於人類的乙太身

中。在人類物質身的層面「原力存有」開始了祂的工作，我們可以將其描述為人類真正的先祖。祂就是在土星期透過座天使的協助形成靈人（梵我）、在太陽期透過智天使的事功形成生命靈（阿賴耶識）、在月亮期透過熾天使形成靈性我（末那識）的相同原力存有。

不過現在與之前不同的是，座天使、智天使及熾天使均已揚升至更高的維度，由此人的高層本質開始接受智慧靈、運動靈及形式靈的協助。這些存有們與人的靈性我、生命靈及靈人（末那識—阿賴耶識—梵我）相結合。在祂們的協助之下，上述的人類原力存有在地球期第三輪的後半段發展出了物質身。當時形式靈發揮了最重要的作用，因為祂們已經形構出人的物質身，使得它成為第四小週期（我們目前所處的週期或稱第四輪）人類物質身的先驅。

被遺留下來的動物存有的星光身中只剩下火之靈的作用力，在植物的乙太身中活躍著的則是暮光之靈。另一方面，形式靈參與到了礦物界的轉化過程裡，祂們在礦物中植入了使其變得堅硬和固化的形式。

雖然如此，我們不能認為這些高層存有的活動範圍僅限於我們所描述的這些方面。這裡指的只是他們主要的活動領域，事實上祂們以協助或支援性方式同時影響著所有界域。比如當時形式靈也在植物與動物的物質層面發揮著一定作用，諸如此類。

所有上述的事項發生之後，大約在地球第三輪末期時，包括太陽和月亮在內的一切存有再度融合，共同經歷了一個

較短的休眠階段（小普若拉雅）。那時一切都再度歸於混沌整體（a chaos），這個階段結束之後，我們現今所處的地球期第四輪便展開了。

在第四輪起初的階段裡，曾經於礦物、植物、動物及人類界域中所演化出的一切，開始以萌芽形式從混沌整體中分離出來。當時能夠以「獨立」的初胚形式複現出來的，只有那些高層星光身被人格靈影響的人類先祖，其他所有的礦物、植物及動物王國存有們，都還無法示現為獨立的存在體。在這個階段裡，一切事物仍處於所謂「無色界」（Arupa）的高度靈性化狀態，而在目前的演化階段裡，只有最高的人類思想——例如數學和道德理想——是由當時仍遍佈一切存在之中的靈質所交織成的。那時低於人類先祖的存有們只能以某種活動的方式存在於高層存有們的內部。動物也只能示現為火之靈的意識狀態，植物只存在於暮光之靈的意識狀態中，礦物則以念相形式擁有著雙重存在性。首先它們是以曾經提到的人類先祖的念相初胚形式存活著，其次則是以思維存在於形式靈的意識中。「更高層的人類成分」（靈人、生命靈、靈性我）也都存在於形式靈的意識中。

接下來一切萬有開始變得緻密起來。但是到了下一個演化階段，緻密化的程度並未超越思維的密度。從這個階段起，在前一週期中誕生的動物存有們開始出現。它們從火之靈的意識中分離出來，成為了獨立的思維存有。這個階段被稱為「色界」（Rupa）意識狀態。人類在這個階段裡有了近一步的發展，因為他先前的無色界獨立念相身現在被形式靈

以更粗糙有形的念相質地所包裹。這個階段的動物作為獨立的存在體，完全是由這種念相質地所構成。

然後更進一步的緻密化發生了。這個階段所達到的狀態類似於夢境的圖象意識交織成的質地；它被稱為「星光」階段。

人類先祖在此階段獲得了更進一步的發展。除了其他兩個組成部分，他的存在體接收到了一副充盈著上述星光質的身體。於是人類開始擁有了無色界核心本體、色界念相身、星光身。動物也接收到類似的星光身，植物則從暮光之靈的意識中分離出來，成為了獨立的星光體。

接下來緻密化的過程進展到了所謂欲界物質化階段。首先出現的是最精微的物質狀態，亦即「極精微乙太」。從形式靈那裡人類先祖接收了附加的極精微乙太身。於是，人類開始具備無色界核心本體、色界念相身、星光身、乙太身；動物則擁有了色界念相身、星光身、乙太身；植物擁有的是星光身和乙太身；礦物也首次以獨立的乙太形式出現。

就這個發展階段而言，我們關注的是四個界域：礦物界、植物界、動物界及人界。演化到了這個階段，另外三個界域也示現了出來。當動物在色界念相身階段（Rupa）與火之靈分離時，人格靈也將某些實體從自身中分離出來。它們由無限量的念相物質所組成，這些物質匯聚起來以雲狀方式融和流動著。我們不能說它們是獨立的實體，只能稱其為不規則的、綜合性的質量。這就是第一個出現的元素靈界域。

在星光階段裡類似的實體從火之靈中分離出來。它們由

模糊的圖象或幻影組成,類似於夢的圖象意識狀態。它們構成了第二種元素靈界域。當欲界物質化階段展開之後,模糊的類圖象實體也從暮光之靈中分離出來,它們同樣沒有獨立性,但可以示現出類似於人和動物一樣的激情與情緒能量。這些非獨立的、發出細微嗡嗡聲響的情緒能量形成了第三種元素靈界域。那些擁有如夢或清醒圖象意識的存有們,會感知到第三種元素靈界域所發生的事物,就像傾瀉而出的光、多彩的碎片、不同的氣息、味道以及不同的音調和聲響等等,但我們必須把這些感知到的狀態理解成類似於魅影的形式。

因此我們必須以下述的方式去想像當時的地球:當它從其星光前身中凝結成精微的乙太天體時,是一團由乙太礦物質量、乙太植物、動物及人類合成的聚合體。這三種元素靈界域裡的存有們滲透在一切空隙和其他存有當中。

這時地球上的各個界域中都居住著各種形式的活躍高層屬靈存有們。這些存有們組成了一個靈性社區,或者可以說是一種「靈性州」。祂們的住所和工作場所就在地球上,對祂們而言這如同蝸牛帶著它的殼一樣。但我們必須瞭解,如今已經跟地球分離的太陽及月亮,當時仍然與地球完全結合在一起。這兩個天體是後來才和地球分開的。

「更高層的人類」(靈人—生命靈—靈性我,梵我—阿賴耶識—末那識)在這個階段尚未獨立。祂仍然以靈性州的成員身分存在著,並且暫時與形式靈結合,就像人的一隻附屬的手和整個有機體結合一樣。

　　經過上述的發展之後，我們已經來到地球物質化階段的起始。接下來我們要闡述萬物進一步的發展。先前的演化進入了上面章節中所說的阿卡夏檔案中的地球期狀態。

　　我們在此所提到的無色界、色界、星光質態和物質形態等的發展階段，在更小的週期（一輪）中形成了一些差異，這在神智學文獻中是以「天體」來定名和區分的。因此，我們可以稱它們為無色天體、有色天體、星光天體和物質天體。

　　有些人可能認為這樣的命名是不正確的，但是在這裡我們不再進一步討論命名方式的問題。事實上，重要的不是名字而是事物本身。我們應該盡力去描述後者，而不是太過於在意名稱如何。某種程度上，這些名相終歸是不正確的，因為用感官界的名稱去定義靈界的事實只能採用類比方式。

　　對人類演化歷程的追述現已來到地球開始緻密化的階段。讓我們回顧一下當時地球期的發展情況：後來分離出的太陽、月亮及地球，當時仍然是一個統一的聚合體。這個聚合體只擁有精微的乙太物質。後來示現成為人類、動物、植物及礦物的一切生命體，都仍然存在於這精微的乙太質量中。為了進一步的發展，此整合的天體必須先一分為二，其中一個分離出去的天體成為了後來的太陽，另一個成為了地球和月球的聚合體。只有到達下一個演化階段時，地球和月球的聚合體才產生分裂，今日我們稱為月球的那個部分被擠壓出去，只留下地球作為人類和其同伴生物們的棲居地。

　　神智學文獻的一般學習者應該都很清楚，上述的從整

合天體一分為二的階段，被神智學界定為人類第二根族期（second principal human race）。此根族的先祖們被描繪成擁有著精微的乙太形貌。但我們不該設想他們可以在已分離出太陽和月亮之後的地球環境中發展成長。當完整的天體分離之後，以這樣的精微乙太身存在已不復可能。

　　追溯上述的演化週期一直到今日的階段，我們會發現一連串重要的演化條件（principle conditions）促成了我們現今所處的第五根族期。

　　先前《阿卡夏編年史》的論述已提到這個部分，在此我們僅重申進一步的深入探討需要涉及的內容。

　　第一先決條件促成人類先祖高度精微化的乙太身，通行的神智學文獻不盡準確地稱他們為人類第一根族。這種演化情況基本上一直持續到第二紀元期間，亦即神智學文獻所界定的人類第二大根族期來臨之後。在此之前，太陽、月亮和地球仍然是一整個天體，而現在太陽從其中分離出去，並從所留下的地球和月亮聚合體中，帶走了人類賴以維繫其乙太存在的所有力量。隨著太陽的分離，人類及其同伴生物們的身體緻密化過程便展開了。這些生物們現在也必須適應這新的棲居環境。

　　不過，被太陽帶走的不僅僅是物質勢能而已，那些前文描述過的在天體未分離時組建靈性社區的高層存有們，也在同時間內相攜離去。比起留下來的地球與月亮的聚合體，這些高層存有們和太陽的關聯更密切。如果繼續和地球及月球後續發展出來的力量結合，祂們本身就無法再進一步揚升至

適合祂們的層次。為了更進一步的發展，祂們需要一個新的棲息地，而這個地方可以說是由淨化了地球和月亮原力之後的太陽所提供的。這些存有們現今所處的演化階段只能從外部亦即從太陽上，對地球和月球的原力發射出影響力。

我們現在可以明白天體分離的高層緣由了。在此之前某些高於人類的存有們一直和人類在同一天體上發展著；現在祂們取得了自己的棲息地，將留下的部分給了人類及其同伴生物們。

太陽的分離為人類及其同伴的發展帶來了一場徹底的變革；他們從一個較高的存在水平降到了較低的層次。但這是無法避免的事，因為他們失去了和那些高層存有們直接連結的可能性。若是沒有其他能夠刺激和引導地球演化路徑的宇宙事件發生，人類自身的發展勢必會完全進入死路和僵局。

現今已經被分裂出來的月球上所聚合的力量，那時仍然存在於地球內部。如果地球和這部分的力量一直「在一起」，是無法有進一步發展生機的。今日的人類將無法藉由這些力量誕生出來，它只可能催化那些在第三個月亮期中被發展出來的憤怒、仇恨等情緒，從而使得地球存有們演進到無節制和純動物性的境地。

從某個階段的發展史詩來看，太陽分離的直接結果是人類第三先決條件的產生，亦即促成了神智學文獻所定義的第三根族勒姆利亞人的出現。同樣地，我們將這種演化條件稱為「種族」並非幸事，因為在真正的意義上，當時的人類先祖還無法與今日所稱的「種族」相比。我們必須非常清楚這

個事實：無論是在遙遠的過往還是遙遠的未來，人類的演化形式都和今日的截然不同。我們現在的稱謂只能算是權宜之計，和這些遙遠的時代相比，並不具備根本上的意義。

事實上，只有到上述第三先決條件（勒姆利亞文明）進展到三分之二的階段時，我們才能夠談論所謂的「種族」。只有到了那個階段，人類的「種族」特徵才凸顯出來，而這「種族特徵」在亞特蘭提斯時代被保留了下來，並進一步延伸至我們當前所處的第五先決條件中。但是在我們現今的第五根族期結束之後，「種族」這個詞會再度失去意義。未來人的分類將無法用「種族」來描繪和指代。

在這一方面，通行的神智學文獻造成了許多混亂，辛尼特（Sinnett）的《密派佛教》（*Esoteric Buddhism*）尤其如此。這本書一方面仍然貢獻巨大，因為它是近代第一本普及了神智學宇宙觀的文獻。但是，此書將所有演化週期中的「種族」描繪成似乎永遠以同樣方式重複出現——這是與事實不符的。可以稱得上「種族」的也會「誕生和消亡」。「種族」一詞只適用於人類發展的某些階段，以往和未來總有一些與「種族」完全不同的演化形態示現出來。

正因為被授予了《阿卡夏編年史》解密工作的全權，我們才會在這裡發表這樣的評論。在這一點上解密者深知必須遵照奧密科學的研究準則，否則他永遠不會對神智學如此卓越的著作提出這樣的反對意見。在此他還想提出一段可能有些多餘的補充，《密派佛教》中所提到的偉大無形導師們的靈感啟示和我們所描述的內容並不矛盾，誤解之所以產生是

因為此書作者在轉譯這些難以被現代人理解的智慧時，採用了他自己的詮釋方式。

人類發展的第三先決條件乃「種族」首次產生的前提。人類種族的誕生是由月球與地球的分離所引起的，而這場離析也同時伴隨著兩性的源起。我們在前述《阿卡夏編年史》的解讀中曾多次提及這場宇宙事件。之前當地球、月亮的聚合體和太陽分離時，人類內在還沒有男女性別之分，每個人都在自己仍舊高度精微的身體中融合了兩種性別。

然而我們也必須知道，拿這些雙性人類先祖與今日的人類相比，他們仍然處在較低的演化水平上。低層衝動在他們內部發揮著無法估量的影響力，而他們的靈性演化之路尚未有任何進展。人的靈性開始被激發、低層衝動開始被約束的契機，是在地球和月亮分離之後；它隨即開始受到其他天體的影響。這段被神智學定名為勒姆利亞期地球與外際天體的會合史，我們將會在阿卡夏編年史進一步的章節中再做詳述。

我們之所以從不同觀點重複描繪同一時段的演化歷程，是有一定原因的。人類看待更高層世界真相的角度不厭其多，但無論站在任何一個視角下，我們都只能描繪出非常淺顯的示意圖。當一個人從盡可能多的角度看待同一事物時，他所得到的印象往往能相互補充，匯聚成一幅更加生動的畫面。只有這樣的畫面而非乾扁流程圖般的概念羅列，才能幫助到那些想要深入瞭解更高層世界的人。畫面愈是生動、色彩愈是豐富，人們就越有希望接近更高層次的真相。

　　但很顯然地，正是這些來自更高層世界的畫面式描繪，引起了今人諸多的不信任。現代人很容易滿足於概念性體系和分類，似乎名稱越詳盡繁多越好，比如何謂提婆神（Devachan），何謂行星的發展等等；但如果有人真的想描述這個超感官世界的圖景，就像旅行者描述南美的真實風景一樣，那麼情況就會變得十分困難。總之我們應該認識到，只有通過鮮活、生動的圖景描繪，人們才能得到對高層世界真正的領會，而非只是死氣沉沉地進行系統分析和命名。

第二部
主禱文的奧義研究
THE LORD'S PRAYER–An Esoteric Study

胡因夢——譯

今天我想要指明的是，隱身於宗教系統背後的靈性科學奧義，究竟有多少內涵被揭示了出來？

我要探討的是宗教奧密科學裡小而重要的一個面向。即便是當代社會中最表淺的人，也能意識到顯教背後蘊藏著更深的真理。探尋這些真理會讓我們瞭解，為何充滿著神祕主義的智慧傳統一向是繫結人類精神生活的紐帶。

請想一想基督教的主禱文。你們都知道那是什麼；它被屢屢提及，而人智學者們也經常思考它和靈性科學宇宙論的關聯。這奧密宇宙觀為人智學運動帶來了另一種提升人性的方式，讓人的靈魂直接和神性、靈界及宇宙勢能進行親密接觸。其方式就是冥思默觀，透過它人可以在內心裡體驗到自己的靈性本質，接收到人類指導靈的引領，浸淫於過往偉大精神文明意涵的啟發，從而認同了世上種種的神聖靈修思潮。

由不同的靈性導師所宣揚的冥思方式中，即便是最簡易的，也能讓頭腦承認其處方裡包含著一些偉大思想──要知道，並不是每種冥思方式都適合人類，只有上界指導靈直接傳遞下來的才有效──若是能夠讓此類處方真的在內心和經驗裡起到作用，便可能與更高的靈性源頭合而為一。屆時這位冥思者就能活在屬靈的高層能流中。如果持之以恆地允許這高層能量增強德行和心智臻於圓滿境地，那麼他冥思的內涵必定會喚醒潛存於靈魂核心深處的那股力量。這類冥思方式可以將人帶入演化歷程中的任何一個層次，從德行上的少許精進到靈視上的最高成就。但若想經由此類方式讓多數人

獲得更高的靈視洞見，那麼就需要足夠的時間、耐性和精力
了。

　　冥思通常被認為是東方人通往神性的靈修方式。而在西
方，尤其是基督教社群裡，祈禱佔據著重要地位。基督徒傳
統上是藉由禱告來親近神，視其為通往高層屬靈世界的門
徑。

　　此外要注意的一點是，我們今日所誤以為正確的祈禱態
度，早期的基督徒是不會認同的，尤其是創立基督信仰的耶
穌本人。因為，人如果真的透過禱告或祈求達成了一己之
願，那麼他很快會漠視祈禱所能帶來的更寬廣的影響。他會
以為神將實現他的願望而非別人的。舉例來說，一個農民為
了某種作物而祈求陽光，另一個農民又為了其他目地祈求雨
露，那上蒼該如何是好？

　　或者兩支軍隊正要交戰，於是各自祈求己方獲勝，並且
認為只有自己的出兵理由是合乎正義的？顯而易見地，繫於
個人私願的祈禱甚少關乎世界大同或兄弟愛，這樣的祈願，
神永遠只能滿足一方。以此種方式去祈請的人，忽視了耶穌
所言明的一種應該貫徹下去的基本態度：「父啊，可能的
話，就讓這杯子離開我吧；但是，不要照我的意思，要按照
祢的旨意！」這才是合乎基督精神的正確祈禱態度。

　　不論祈禱的目的為何，上述的心境都應該是在禱告者的
靈魂裡迴響著的基調。當一個人的祈請帶有這份品質時，禱
文的內容就會協助他提升至高層境界，使他在自身的靈魂中
體驗到神性。更佳的情況是還能驅走祈禱者自私的願望和衝

動的意志。如此祈禱才符合那句話：「不要照我的意思，要按照祢（神）的旨意！」最終，禱告者將會提升至聖境並充分融入於其中。透過此種方式達成的精神境界和冥思進入的狀態很類似，雖然禱告更富有情感一些。起初基督信仰的祈禱和冥思並無本質上的差異，但後者帶有更多深思默觀的成分。在冥思的過程中，靈修者隨著人類偉大導師的思維引領，心境逐漸趨於寧靜，而與流淌在世間的神性和鳴。祈禱者透過情感也能達到相同的結果。

因此，祈禱和冥思的目標，顯然都是要促進靈魂與流淌在世間的神性合一。最高的合一境界便是所謂的「密契體驗」，亦即與神性完全契合了。

如果人類不是由聖靈所顯化的，那麼他就不可能與上主達成合一，也不可能和高層屬靈存有建立關係。就我們所知，人帶有一種雙重性。他是由經常提到的四種身所組成的——物質身、乙太身或生命體、星光身及自我身。在自我身中，他有機會發展出三個更高層的部分供未來所用——末那識、阿賴耶識、梵我；西方術語稱之為靈性我、生命靈和靈人。

為了正確理解人的雙重性，讓我們回溯一下人類源起的時代。你們應該還記得先前的演講裡提到過，人是由兩種本質——三種高層潛能（靈性我，生命靈和靈人）與四種現存的低層身（物質身、乙太身、星光身和自我身）——融合成的，後者演化於遙遠的過往，我們稱之為地球的勒姆利亞文明期。回溯人類從現代退至希臘—拉丁、埃及—迦勒底、

波斯及印度時期，再退一步回到以各種神話形式記載下來的亞特蘭提斯大洪水期，就會觸及生活在所謂亞特蘭提斯大陸的先祖們。那片大陸位於現在的歐洲與美洲之間。更早一些便是我們所說的勒姆利亞文明期，位置在澳洲和印度之間的遠古大陸上面。就在勒姆利亞的中期階段，由靈性我、生命靈、靈人構成的高層三位一體和低層四身（物質身、乙太身、星光身、自我身）結合了。

正確地說，在勒姆利亞的那段漫長歲月裡，地球上最高階的存有還不具備今日所定義的肉身。那時的人類是由最高層的動物性所顯化的「膜狀存有」——以個體或集體的形式存在著，由人本質中較低的四層身所構成。在那之前人本質裡最高的宇宙法則，已經註定要促使他透過靈性我、生命靈、靈人這三種源自神性的部分，於未來繼續演化發展下去。

如果用省力的方式去描繪那時的情景，我們可以說當時所有居住於地球的人，都在建構著能夠接收人類靈魂的身體，如同海綿吸水一般。想像有一個裝水的容器。我們很難說其中的某滴水在哪裡結束，另一滴水在哪裡開始。但如果觀想的是許多浸泡在水中的小海綿，每塊都吸收了其中的一些水，那麼本是一體的水就變成分佈於許許多多的小海綿中了。同理，在那個遙遠的年代裡，人類的靈魂也是如此。早先它們是在神聖第一因的懷抱中休憩著，並不具備個體性，但是到了某個時刻，它們開始被人類的身體吸收而個體化，就像海綿吸水一般。

　　當時被四個低層身所吸收的高層潛能持續進化著，後來亦復如是。在靈性科學中它被稱為高層三位一體，而畢達哥拉斯學派也將三角形和四邊形用來象徵在勒姆利亞中葉形成的人類結構。下頁的簡圖展示了人的這些構成因素。

　　但人類穿越輪迴轉世——永恆——的那個部分也帶有著雙重性。你會發現它一方面被視為亙古以來的永恆元素，同時又是神性給予的一滴神聖本質，灌注到了人類四種身的容器裡。因此，我們每個人的身上都有一滴獨立的個體化神性。

　　人的高層三身——永恆的部分——可以看成是掌理人性的三種至高法則，等同於神性三法則。事實上，人性裡的這三個最高法則，就是神性中最接近於人界的低層法則。列舉人性法則必須從物質身開始，接下來是乙太身、星光身及自我身，然後是靈性我到靈人。相對地，那些在遠古期犧牲自己一部分靈魂本質來成就人類的神聖存有，他們最低的本質則是靈性我，接著是生命靈、靈人，然後是靈人之上的法則，而在當代人之中只有那些已經成為「悟者」弟子的人，才有能力明白這一切。

　　現在你應該清楚了，人性的三個高層法則就是神性的三種低層法則，因此我們不但要視其為人性法則，也該尊其為神性法則。今天我們要就此點逐步闡述一下。我們內在的最高潛能，靈性科學稱之為「靈人」的部分，只會在轉世於地球的最後階段，或者說在我們這個地球期的最後一期，才能充分發展示現出來。這人性法則中最核心的部分和現今人類

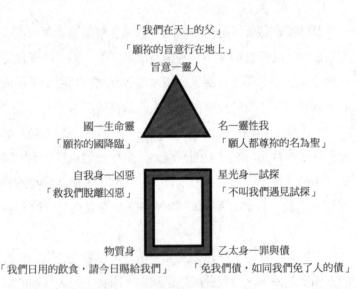

「我們在天上的父」
「願祢的旨意行在地上」
旨意—靈人

國—生命靈　　　　　　　　名—靈性我
「願祢的國降臨」　　　　　「願人都尊祢的名為聖」

自我身—凶惡　　　　　　　星光身—試探
「救我們脫離凶惡」　　　　「不叫我們遇見試探」

物質身　　　　　　　　　　乙太身—罪與債
「我們日用的飲食，請今日賜給我們」　　「免我們債，如同我們免了人的債」

本質中的意志元素，有著些許的相似度。事實上這樣的對比並不精確，只能當成一種大致的說明，不過我們內在最高的靈性法則的確帶有意志的特質——它也是一種願力。內在的這個目前發展得還十分微弱的意志元素，將會在未來持續揚升的過程中，成為人類內心的主宰法則。

　　目前人本質上還是一種意識體，或者說是具備理解力的存有，但是在許多方面他的意志都是有限的。他雖然試著全面性地理解周遭的世界——只能達到某種程度——但是對自己利用知識去深入瞭解的一切，仍然缺乏真正的掌握能力。未來人類將會發展出用神聖意志控制外境的能力，而且會持續地增長，直到達成存在的核心目標，即靈性科學所說的「偉大犧牲」為止。這意味著他的意志將完全用在犧牲奉獻

上面，不像目前的人類只能捨棄一些微不足道的情感需求和意志方向。未來的人類將會奉獻出自己的整個存在，把能量直接注入到物質實有中。

這「偉大犧牲」是神聖意志的至高表現，作用就像鏡子反映出自己的影像一樣。當然，影像本質上也只是個幻相或表象。現在觀想一下你已經來到人生的終點──死亡──你捨棄了自己的性命、感覺及思想，所謂全部的存在，將生命力徹底注入到那個影像上。在靈性科學裡面，此現象一向被稱為「向外傾瀉」或「聖光溢出」。如果真的能做出如此徹底的犧牲奉獻，那麼「你」顯然將不復存在；為了把生命力和意識能量完全灌輸給這個影像，你捨棄了自己的整個存有。

當意志力做出如此偉大的犧牲時，它真的可以創造出或大或小的宇宙，而這是被它的造物者所賦予的天命。此即神聖存有們所具備的創生意志。

神性的第二法則──生命靈──注入給人類之後的情景，藉由上述鏡像的例子也得到了闡釋。生命靈就是反映出的鏡像本身。

現在觀想一下某個神聖的內在存有，以這樣的方式創造出了一個宇宙，而祂就是宇宙的中心點。想像一下自己正站在某間屋子的中心點上，但你並不是被六面牆壁、天花板及地面所環繞，而是被一個中空的能夠折射所容物的球體包圍著。身為中心點的你可以看見自己的每一個面向，四處都是你。同樣地，你也可以觀想神是一種核心意志，反映於環繞

著祂的所有面向上，而鏡子既是神的形象，也是祂所創造的宇宙。因此，宇宙究竟是什麼呢？不過是神核心本質的鏡像罷了。

宇宙得以存在和運轉，都是因為神做出了「偉大犧牲」，將聖光傾注於其中──「聖光溢出」，並且被反映了出來。傾注生命力以及存在於被反映出的鏡像上，便是神聖創生過程的確切情景。

此神聖意志以無限的多元性表達自己，從而給整個宇宙帶來了生機。在靈性科學的洞見中，神性在無限分化以及多樣化的過程中複製了無數的自己；這便是所謂的國度，它有別於神聖意志本身。神聖意志是中心點，國度是其映像。在這個意義上，神聖意志相當於靈人；國度或神聖意志反映出的諸象，則相當於生命靈。

反過來說，國度也在無限的多樣性中複製了神聖存有。請觀察一下這個過程，至少得瞭解我們眼前的自然三界，我們的多樣性形式──宇宙。請觀察「國度」在礦物、植物、動物和人類身上的顯化。即便是運用語言來表述礦物界、植物界和動物界，用的也是「礦物王國」、「植物王國」、「動物王國」，包括我們這個宇宙的其他分支在內。國度就是這一切的總合；其中的任何一種形式，本身也是一個國度。觀察箇中的種種細節，我們會發現萬物的本質都是神聖的。神聖存有投影在萬物當中，如同核心存有被中空的球體反映了出來。

因此，當一個觀察者以靈性科學的研究方式去看待世界

時，他會洞察到神充分反映在每個人身上，人人都是神性的表達與映射。在不同級別的存有身上，在無限的多樣形式上面，我們都看見了國度背後的神性。不同的實體也由於被靈性科學賦予了名稱，而得以被清楚地區分辨認。一名高階靈視觀察者能夠洞悉所有實體皆是「聖光溢出」或「向外傾瀉」的結果。他有能力賦予這些實體名稱，為每一個聖光的顯化命名。

宇宙眾多的存有裡面，只有人類會替繁雜國度裡的成員命名並區分它們。我們已經說過神聖意志相當於靈人；國度或是神聖意志向外傾注而投射出的映像，則相當於生命靈。人類從神性承繼的第三個高層法則，亦即能區分國度裡繁多的成員並為它們命名的，相當於靈性我。因此，不同宗教派別的奧義全都指出，從神性源頭流入到人類內在的聖光，成為了他的永恆形像或原型。

若能「預見」自己揚升至終點時的情景──看到自己最終成為了靈人──就會認出其本質就是神聖意志。

如果將思想提升到理解神聖意志載體（靈人）的層次──去體認生命靈是什麼──你會發現在神界裡，「國度」就代表著生命靈。

若能提升至透徹理解事物的名稱，從靈性層次去洞悉與事物相關的概念背後的真諦，那麼你會發現在神界裡，「名」代表的是神聖智慧。

古老教誨也揭示出：名、國度和神聖意志共同促成了聖光溢出，形成人性中永恆的部分。因此，人本質中所謂的高

層三位一體，顯而易見指的就是神性的部分。

為了更完整地理解，讓我們思考一下人必朽的低層本質中的四法則。我們已經知道，三個高層法則可以看作是神性法則，那麼同樣地，四個低層法則也可視為必朽現象界的人性法則。

想一想人的物質身，那些構成它的元素和勢能，以及周遭缺乏活力的無機物，其實都是相同的東西。如果沒有來自周遭大自然的物質元素和推動力的話，人的肉身是無法存活的。嚴格地說，肉身是一個讓其中的東西可以進出的通道。物質元素持續不斷地流進流出我們的身體，時而從外面進來，時而從內部輸出。我們在別處曾經說過，人體內的物質每七年會全部更新一次。現在你們身上的物質和十年前的已經截然不同。我們不斷地在更新物質身的元素。我們體內以往的東西早已去到別處，被釋放到大自然中了；其他的東西取代了原先的。此即物質身賴以維生的方式。

如同將三個高層人性法則視為神性的一部分那樣，我們也可以將低層四法則看成是神性的一部分。

物質身可以看作是我們地球物質原料的一部分。構成物質身的原料來自地球，之後又回歸於地球。同樣地，乙太身亦可被視為周遭環境的一部分，星光身也是如此。

不妨將乙太身和星光身放在一起思考。如你所知，星光身掌管著人類的衝動、慾望和激情，以及在靈魂中起伏不定的悲歡喜樂——乙太身則相反，它承載著一些較為持久不變的靈魂特質。

　　我經常把乙太身和星光身的發展比作鐘的時針和分針。在其他場合我也和你們提到過，八歲時你的所知及體驗和現在的已經迥然不同。在此期間你學到了很多，積累了許多概念。昔日的悲歡喜樂早已離去，或者說早就消逝於過程中。但人的脾氣、性格及傾向的持續性與固著性，和這些瞬息萬變的經歷相比，是多麼不同啊。舉例來說，你童年時熱情洋溢，往後你可能還是如此。大多數人在生命歷程裡都維持著基本的性格特質。進行靈修上的訓練與培養，正是為了克制乙太身的一些相對比較固著的習氣；就像我們時常強調的，這樣的訓練並不僅僅是理論知識而已。事實上，修習者如果改變了自己的某種性格特質，已經算是卓然有成，如同時針一樣，哪怕是加快一點點，也會帶來很大的影響。

　　人長期不變的傾向，固執又進展緩慢的脾氣、習慣等，全是根植於乙太身；相反地，像時鐘的分針一樣變化很快的內在活動，則根植於星光身。

　　透過這些事實去觀察受外在環境影響的人們，你會發現一個人和他所處的時代以及和國族、家族的互動關係，往往會形成他的習慣、氣質以及長久不變的傾向。這些相對固定不變的特質，不僅能從他身上觀察到，同時也會顯現在與他緊密相連的群體上面——他的家族、國族等等。透過個體共同的習慣與秉性，就能辨識出一個國家的國民特質。個體若想獲得更高的靈性發展，揭露自己更高層的天性，那麼就必須改變性格與基本習慣。在靈性科學的術語裡，達成此目標的人被稱為「無國之人」，因為他轉化了自己和國族息息相

關的乙太身業力。

一個人原生社群的生活方式，揭露了他和家族、國族裡的人互動時被激起的種種感受所形成的性格特質，而這些特質同時也顯現出其時代特徵。假設有一名古希臘人走進你的生活，你會發現你們很不一樣。他的乙太身和你的十分不同。人類是通過乙太身的共同特質來瞭解彼此的。星光身中則埋藏著脫離凡俗生活的潛力。他可以因此使自己獨立於家族和民族之外，脫穎而出成為有個體性的人，不再只是一名法國人或德國人或某家族的人。如此一來，他便超越了國族的集體特質。他的超越性根植於星光身；星光身是其載體。由此可知，星光身更多是承載著個人性與個體性。

所以當人忽視了社群生活的義務與規則而成為團體中的罪人時，他犯的就是乙太層的過錯。另一方面，更具個體性的錯誤或是更具個人性的罪行，則歸咎於人的星光身所承載的性格特質。

靈性科學將那些與族群對立、源自於乙太身的過錯稱為「罪」（guilt），英語裡常見到的 debt 和德語裡的「罪」有著相同的字根，但是在英語中它隱喻著更強烈的道德過犯，意味著德行上虧欠了他人。債亦稱為罪，是源自於乙太身的性格缺陷，而星光身的不完美則招致了靈性科學所說的「誘惑」。屈從於誘惑探試的人勢必要承擔錯誤和失敗。

自我身或核心人格的形成也會犯下錯誤。伊甸園的故事隱喻了自我可能犯下的過錯與墮落。當人的高層靈魂從神的懷抱中下降、首次進入到塵世的身體時，會被地球的物質元

素所吸收，如同海綿吸水一般。

高層靈魂或個體靈魂也可能在自我的內部犯下錯誤。這類自我的陷落和乙太身、星光身的性格缺陷所導致的錯誤有所不同，它們會伴隨著人逐漸獲得的獨立性而產生。為了在完整的覺識中逐漸揚升，實現個體的自由與獨立，人類就必須穿越自私與自我中心的考驗。從神性下降的靈魂是無法以自我為重的。身為完整有機體的一份子，靈魂原本無法設想自己是獨立的；一根手指如果把自己想成是獨立的，那麼它勢必會脫離整隻手而逐漸萎縮。

但自我的獨立性對人類的演化至關重要，不過只有當它的基本屬性是無私時，其意義才能完整表現出來，而無私只可能源於自私。

就是在自私進入人體之際，人成為了尋求自我、以自我為重的存有。自我天生跟隨身體的意願與傾向。人類吞噬其同伴，跟隨自私的衝動和慾望，就像海綿裡的一滴水，完全受制於塵世的肉身容器。

伊甸園的故事點出了個人作惡的起因；人一旦把自己變成獨立的個體，便犯下了原罪。在這之前他從宇宙中取用所需，就像小水滴從大海中獲得原力一般。因此，他渴望徹底獨立的衝動完全是出自於己身的過犯。伊甸園裡吃蘋果一事，象徵的就是此類因渴望獨立而犯下的錯。拉丁文中的 malum 既意味著「邪惡」，也意味著「蘋果」。文字中所有的真實意涵，尤其是具有靈性科學背景的，全都富有內在意義。靈性科學從不把「邪惡」用在和自我無關的罪行上。

因此邪惡就是源於自我身的過錯。侵犯或罪業一向出自於人和同伴互動的過程中，在乙太身中犯下的錯。誘惑試探則會從任何方面去襲擊一個人，導致人在星光身中犯錯。

源自乙太身的過錯：債或罪。

源自星光身的過錯：誘惑試探。

源自自我身的過錯：邪惡。

請思考一下人本質裡的四個低層法則和所處環境——周圍的行星環境——之間的關係。例如，物質身持續吸收物質元素的滋養以維持生命。受制的乙太身則只能靠所屬社群裡夥伴情誼的維繫，才能得到妥善的養護。星光身的存續取決於克服誘惑。自我身的正確成長方式則是不向邪惡低頭。

現在用你的內心之眼觀想一下人的整體結構——低層四身與高層的三種神性本質——如此你才能說出：每個人都有內建的神性，透過表達內在最深的本質他邁向了聖境。這最深的本質一旦向外充分顯現，他便證明自己已經發展成基督教義中所說的「父」。這隱藏於靈魂之中、盤旋於人類前方的偉大目標，被稱為「天上的父」。

人若想發展到那樣的境界，高層與低層本質必須整合至有能力頤養肉身。乙太身則必須透過和社群的互動，以便有效地修正和調整其中的任何過犯。星光身則是不能毀於「誘惑試探」，自我身也不能落入「邪惡」的陷阱。人必須藉著三個高層法則——「名」，「國度」，「神聖意志」，奮力地接近天上的父。

人必須以一種聖化的方式去感受「名」。看看你的周

遭，各式各樣的存有都在訴說著神性。透過呼喚萬物之名，你使得它成為了宇宙神聖秩序的一員。當你領悟了由你命名的事物以及存有背後的神聖法則時，便能協助周遭一點一滴地聖化起來。由此你神聖化了周圍環境的每一部分。你融入了「國度」中——它是聖光的溢出——同時也發展出「神聖意志」，而它既是靈人亦是神性法則。

假設現在有一位冥思者，他全神貫注在人類成長的意義上面，期望能理解人類靈性進化七法則的深義，藉此來領會主禱文的七句祈請詞。那麼，他該如何祈禱呢？

為了表達祈願的目的，他必須在說出這七句禱詞之前先說：

> 我們在天上的父。

用這種形式的禮敬，說明你關切的是自己和靈魂的最深根基，人內在最深的元素，亦即基督密修教誨中所描述的屬靈國度。在這至高的禮敬之後緊跟著的三句禱詞，也和人性深處的神性三法則有關聯：

> 願人都尊祢的名為聖。
> 願祢的國降臨。
> 願祢的旨意達成。

此處祈禱文從屬靈的國轉到了地上的國：

願祢的旨意行在地上如同行在天上。

最後四句祈禱文和人類本質的四種低層法則有關。

至於在行星（地球）的生命力中維持肉身存在一事，請願者的訴求又是什麼呢？

我們日用的飲食，請今日賜給我們。

關於乙太身的維持，他又該說什麼？

免我們的債，如同我們免了人的債。

此處他祈請上主修正他乙太身中犯的過錯。關於星光身，他現在要祈求什麼呢？

不叫我們遇見探試。

關於自我身呢？

救我們脫離凶惡。

因此，主禱文的七句禱詞被視為對以下事實的表述：當人的靈魂渴望正道時，會向神聖意志懇求本質裡的七要素得以充分發展，能夠在宇宙中找到正確的生命軌道。祈禱者透

過使用主禱文，可以逐漸深入瞭解和發展這七個人性法則的完整內涵。事實上，哪怕使用這七句主禱文的是根本不瞭解它們的表淺之人，禱詞也依舊向他們傳遞了靈性科學對人性的洞見。

歷史上偉大宗教團體的冥思處方都源自於奧密科學。逐字逐句地分析每一則現存的具有真實基礎的祈禱文，你會發現它們並非詞語的隨意組合。若是只有盲信的衝動，人不可能串連出如此優美的句子。事實正好相反；這些禱詞都是由偉大智者們選自當今被稱為靈性科學的古老教誨。每一種形式的祈禱文皆源自於偉大的智慧傳承；創立基督信仰的徹悟者——耶穌基督——當他教授主禱文時，心中想的也是人的七個核心法則。

所有的祈禱文都是這樣編列的。若非如此，它們的能量根本不足以持續運作數千年。只有按此結構組成的禱文才能生效，對根本不懂主禱文背後深意的人而言也是如此。

將人類生活與自然中發生的事例做個對比，可以幫助我們理解為何具有真實基礎的祈禱文，對表淺之人也具有吸引力。觀察一株植物，它使你感到愉悅，即使你對它的顯化生長所依循的宇宙律一無所知。它就在那兒存在著，讓你相當感興趣，但若是缺乏足以依循的永恆法則，促使必要的創生之流湧入這植物中，它是不會被創造出來的。即使你沒有通曉自然律的需求，植物仍然會依循這些法則被創造出來。同樣地，任何一種不是源自於智慧之泉的祈禱文，都不帶有實質的意義，對淵博者或表淺之人皆然。

　　在當今的時代裡，只有那些一直觀察植物、領受其祝福的人，才能領略偉大宇宙律法背後的智慧。兩千年以來基督徒的祈禱方式就像不諳科學的人觀察植物的態度一樣。現在他終於有機會明辨出主禱文擁有甚深源頭的能量，這源頭的智慧流經了萬物。所有的祈禱文都在表達這原初的智慧，尤其是基督徒生命重心的主禱文。

　　如同光在世間顯化為七種顏色，太初之音也化為七音朝著上主演進，擁有七維度本質的人類，同樣是透過對應於七種人性法則的七種願力，或是主導文的七句請願詞，將自己最深的渴望表達了出來。

　　因此，在神智學者的認知裡，主禱文揭示的是由七大法則所構成的人。

【附論】
關於魯道夫・史坦納的真相

拉爾夫・懷特（Ralph White）

紐約開放中心（The New York Open Center）聯合創始人
LapisMagazine.Org 網站編輯

整整一百年前，中歐發生了一件在靈性上意義非凡的事，一位偉大的人物誕生了，他對人類經驗中最深的奧密有著最為淵遠的洞見，諸如死亡、重生、高等世界存有以及人類演化的天數。

他受過西方哲學和科學的高等教育，廣泛閱讀農業和藝術方面的書籍，擁有公眾演講家和作家的非凡天賦。在接下來的二十五年裡，他做了六千多場演講——內容全都不同，寫了二十五本書，為教育、農業、醫學及許多其他學科領域注入了新動力。

一個世紀之後，從他對兒童成長的靈性洞見發展出來的學校，成為了世界上傳播最廣泛、最獨立的教育方式。他對農業和農耕採取的有機耕作方式，比六十年代回歸土地運動提早了半個世紀，這種方式如今被廣泛地應用。他著有《需

要特殊照顧的群體》（*Those in Need of Special Care*）一書，亦即身體機能受到挑戰和殘疾的成人及兒童，受該書啟發所建造的村莊遍佈世界各地。

在北美有數百萬人認為自己是意識研究團體的一份子，毫無疑問地，這樣一位人物勢必成為他們耳熟能詳的名字——這些人關心的正是此人奉獻一生的種種研究議題。很難想像許多獻身於靈性和社會的復興並為此感到自豪的人，竟然對這樣一位服務人類殫精竭慮、取得如此成就的人物幾乎一無所知。

然而事實正是如此。不知何故，魯道夫‧史坦納——也許是二十世紀最具靈性天賦和成就的人物——至今仍被大多數文化創意人士邊緣化。他認為自己的使命是讓現代社會對業力和轉世有正確審慎的理解，作為一名靈性導師，他在很大程度上已被世人遺忘，然而《西藏生死書》和《佛教萬物》卻成為潮流。情況為何會如此？1925 年史坦納過世，他從未踏足美國，所有演講都使用德語，顯然這些都沒有幫助。新入門的讀者很容易就淹沒在他數量眾多的作品集裡，不知道從哪裡開始，而且經常讀到陌生的術語。

當然，史坦納的書讀起來絕非易事。每一本都要求讀者帶著強烈的意願，努力去領會那些需要極大地拓展心靈和想像力的嶄新思想。其結果是，讀者獲得了靈性演化旅程的偉大宏圖，包括遠古文明、中世紀和文藝復興的神祕主義、哲學的完整光譜，以及進入高層靈界的知識。

覺醒的讀者還會對人類存有之浩瀚產生一種極為強烈的

感覺。當我們讀到被史坦納稱為所謂「死亡與重生之間的生命階段」時，並不會被通常需要喇嘛來講述的這些「中陰」神祕狀態感到困惑不解。相反地，他描繪的是一副死亡來臨時的清晰畫面，生命的宏大圖景自動在眼前升起。接下來是他稱為「煉獄」的階段，靈魂會以倒帶的形式重活一遍，而這會使它清楚地感受到自身行為帶給他人的影響。此乃靈魂在進行道德上的淨化或活化，以煉獄般的扭曲形式發生在自己身上。

這個階段結束之後，當我們真正明白自身行為帶來的後果時，據說靈魂會前往「中陰天界」（devachan），行星智慧的界域，並吸取宇宙智慧直到「存有的午夜時刻」來臨，才開始踏上重生之旅。然後，在偉大的天使存有協助之下，我們會形塑出未來轉世的肉身輪廓，以此來平衡前世的行為。這些大天使都是以裝飾教堂的熾天使和智天使圓鼓鼓的形象現身的。如同索爾‧貝洛（Saul Bellow）這位一直研究魯道夫‧史坦納思想的追隨者所言，「這些都是足以使人汗毛直立的有關人類生死的觀點」。必須要說的是，即便史坦納描述的內容只有百分之五是正確的，生和死都是任何人所能求得的最超乎想像的宇宙遨遊。

現在的問題是，他是如何知曉這一切的？多數凡人渡過一天已經夠艱難了，根本沒時間思考靈界的這些精微之事。然而幸運的是，魯道夫‧史坦納九歲開始便擁有了靈視力，那是他第一次意識到物質層面之外還有靈界存有。但他絕不是頭腦混沌的神祕主義者。

　　儘管出身卑微，父親是克羅地亞一個小村莊的鐵路官員，史坦納後來還是去了維也納，在技術和科學領域接受了嚴格的教育，取得了哲學博士學位。二十四歲那年他的天賦才智得到認可，受邀編輯偉大德國詩人和劇作家歌德的科學著作。之後，他花費數年沉浸於歌德—席勒檔案的鑽研。後來他搬到柏林，與羅莎・盧森堡等人一起在一家工人教育機構教書。

　　一直到二十世紀初，當他邁入四十年華之後，才開始公開談論奧祕事物。在此之前，他一直是以哲人、學者、作家、編輯和文化評論者的身分為人所熟知。突然之間，他開始就那些最為玄奧的靈性話題，做了詳盡而複雜的系列演講，讓同時代的人大為震驚。他清楚地展現了當時西方世界無人能及的知識水平。

　　大多數人難以想像上個世紀初是什麼樣子，新的靈性智慧透過諸如中歐的史坦納、俄羅斯的葛吉夫和烏斯賓斯基等人呈現了出來，這對許多具有文化影響力和社會聲望的人產生了強烈的吸引力。那是個樂觀主義盛行的時代，史坦納不知疲倦地在歐洲各地進行了系列演講，迅速吸引了大批追隨者。新世紀似乎承諾了暢然無阻的進展，而瑞士也開始修造一幢引人矚目的新建築——歌德紀念館，意圖成為最深奧的靈性神祕主義中心。

　　不幸的是，一戰的爆發帶來了干擾。史坦納透過德國總參謀部的一位高級官員，近距離地觀察了這個大事件。他對於戰爭如何發生的看法——部分內容包含在《虛假的業力》

（*The Karma of Untruthfulness*）一書中——對我們是很有價值的，因為我們正在思考美國是如何被操控而捲入伊拉克戰爭的。史坦納從不對存在的暗黑面視而不見，事實上他強烈地感覺，對邪惡發展出屬靈層面更為深刻的認知，是對現代社會必要的要求。他竭盡全力喚醒人們看到倒行逆施的物質主義驅力帶來的影響，正在日益增強中。

戰爭結束之後，他繼續寫作、到處教課。他拒絕別人將他視為上師，認為這個角色在個體自由至上的現代社會已經不再適用。他持續關注的重點是透過冥思，喚醒沉睡在所有人靈魂深處的高等潛能。如果人類想對當今社會緊迫的靈性需求有所回應，這麼做是必要且至關緊要的。他把自己的教導視為古印度、古波斯、古埃及和古希臘文化中神聖智慧的當代傳承。這些智慧在當時被局限在諸如德爾菲和以弗所等神祕之地，只有經過精心挑選的人才能接受啟蒙進入最深邃的奧祕之境。

然而，神聖智慧在當今向所有人敞開了大門，人類開始有機會提升生命、超越十九世紀的唯物主義，在充滿靈性生命力的宇宙中獲得新的歸屬感。今日，我們可以把用於外在世界的嚴謹、客觀、科學之精神帶入內在，並且可以自主地探索而非盲目地迷信。但是史坦納預見到，如果這個世界再不覺醒，結局將會非常悲慘，可能導致人類演化進程付諸東流，完全否認了人類存在的意義。

史坦納的著作引發了早期納粹分子的敵意，他們使用暴力干擾他的數次演講。然而，史坦納拒絕任何形式的威脅或

嚇阻。在他生命最後五年的時間裡，許多人開始接近他，向他諮詢如何把人智學或靈性科學——他為自己的工作取的名稱——應用在實際領域中。農民、教師、醫生和牧師都渴望在各自的領域裡重新煥發活力，史坦納的回應親切友善，只要有人詢問就會回答，他覺得在靈性上知無不答是他的義務。

史坦納討論教育的系列講座，最初針對的聽眾是斯圖加特華德福菸草公司的工人和管理層，他們當時想創辦一所學校，這為全球種下了華德福教育運動的種子。他對西里西拉農民的講話引發了整個生物動力農耕運動，他認為如果要維持人類和環境的健康，生物動力農耕是不可或缺的。他甚至給專業養蜂人辦了一系列精彩講座，因為他看到蜜蜂數量的減少預示著健康食物和鄉村環境的消亡。

史坦納領先於其時代數十年，是一位真正的先驅以及愛和自由的使者。但他在生活中是一個什麼樣的人呢？有沒有爆出過一丁點兒醜聞，就像諸多的靈性導師一樣？從熟知他的人所撰寫的許多紀錄來看，他溫暖、正直，非常樂於助人，他的缺點可能只是有求必應，為前來諮詢的許多人提供建議而犧牲了私人時間。儘管相片中的史坦納看起來總是神情嚴肅，他顯然是個非常風趣幽默的人。他還擁有雕刻家和建築師的藝術天賦，認為藝術是連結物質世界和靈性世界的重要橋樑。

這位非凡人物逝世八十年後，我們對他的瞭解為何依舊如此貧乏？不過誠然，人智學團體已經在全球建立分支機

構，華德福學校急劇增加，生物動力農耕廣泛實踐、獲得認可。受其作品啟發，世界各地出現了成千上萬的創新舉措，廣泛地涉及到各個領域，比如承擔社會責任的銀行系統、治療藥物成癮、草藥和順勢療法，甚至包括如何製作玩偶。但直到最近人智學社團都傾向於一定程度上將自己與身心靈整合運動分開，也許是因為史坦納的智慧遺產包羅萬象，本身似乎已經是完整的體系，幾乎不需要向外擴張了。

史坦納當然擁有靈性天賦且涉獵廣泛，但我們今天對他的瞭解主要是透過其作品在生活中的實踐運用。他對高等靈界的研究探索令人震驚，對奧義智慧的學識廣博浩瀚，對人類靈魂的運作有深刻洞察，令人費解的是，渴求深層真相的公眾竟然忽略了這一切。我們迫切地想知道有關轉世的真相，我們經常聽人提及天使，我們仍著迷於在巨石陣和埃及墓碑上依舊可見的古代神祕遺跡，但這位比上個世紀任何學者都更有能力就這類問題帶來啟迪的人物，在整個身心靈整合學界卻鮮少有人拜讀過他的著作。

由魯道夫・史坦納本人所著作的，以及有關他的兩百多本英文著作，都成為了令人驚喜蘊含神聖智慧的寶藏。它們絕非輕鬆讀物，但讀者的收穫將遠遠大於付出的努力。當學術性哲學依然無可救藥地遠離真實世界時，我們在史坦納身上看到了一位真正的現代靈性哲人。他認為自己來到世間的重要使命，就是將人類心靈愈發渴望的那種知識交還給這個世界。

國際正面臨巨大危機，戰爭和恐怖主義佔據頭條，空氣

中彌漫著不祥徵兆，在這樣的時刻裡，我們對這位似乎離我
們已經遙遠的人越發心懷感念。他的話語和當今的時代現象
息息相關，向我們充分闡釋了應該如何去理解和引領深陷掙
扎中的人類靈魂。

＊本文譯自 *The Truth about Rudolf Steiner*，原載於作者的網站
　https://www.ralphwhite.net/，獲作者同意翻譯收錄（胡因
　夢譯）。

【附錄】
延伸閱讀

史坦納著作中譯本（史坦納或譯為史代納、施泰納）

- 《人是一座橋》（2020），宇宙織錦。
- 《人智醫學療癒的祕密》（2020），與薇格曼（Ita Wegman）合著，宇宙織錦。
- 《奧密科學大綱》（2020），奇異果文創。
- 《秘修學徒的高等靈性修練法門》（2019），柿子文化。
- 《人為什麼會生病》（2020），小樹文化。
- 《華德福教育的本質》（2019），小樹文化。
- 《日常生活裡的人智學》（2021），人智學教育基金會。
- 《自由的哲學》（2019），人智學教育基金會。
- 《從靈性科學觀點看兒童教育》（2019），人智學教育基金會。
- 《治療教育課程》（2019），人智學教育基金會。

- 《作為教育學基礎的人的普遍智識 》（2018），人智學教育基金會。
- 《神智學》（2016），人智學教育基金會。
- 《輪迴與業力》（2021），三元生活實踐社。
- 《華德福學校的精神》（2019），三元生活實踐社。
- 《蜜蜂》（2019），三元生活實踐社。
- 《營養》（2018），三元生活實踐社。
- 《實用教學指引》（2013），洪葉文化。
- 《人學》（2010），洪葉文化。
- 《超越生死門》（2008），琉璃光。
- 《靈性科學入門》（2008），琉璃光。

其他參考閱讀

- 《上帝‧密契‧人本：西方宗教哲學討論集》（2018），傅佩榮，立緒。
- 《世界文明原典選讀：宗教系列（三冊套書）》（2017），傅佩榮總策畫，立緒。
- 《奧義書：生命的究竟奧祕》（2017），佚名，自由之丘。
- 《薄伽梵歌：最偉大的哲學詩》（2017），毗耶娑（Vyasa），自由之丘
- 《人智醫學及其療癒方法》（2017），沃爾夫（Otto Wolff），人智出版社。

- 《塔羅冥想：基督信仰內在隱修之旅》（2016），無名氏，心靈工坊。
- 《靈魂密碼：活出個人天賦，實現生命藍圖》（2015），詹姆斯・希爾曼（James Hillman），心靈工坊。
- 《靈性之旅：追尋失落的靈魂》（2015），莫瑞・史丹（Murray Stein），心靈工坊。
- 《世界宗教理念史（全三卷）》（2015），默西亞・埃里亞德（Mircea Eliade），商周。
- 《華德福教育之父：魯道夫・施泰納》（2015），林登貝格（Christoph Lindenberg），台中市人智哲學發展學會。
- 《天人無間：基督教密契主義導論》（2014），麥奎利（John Macquarrie），道風書社。
- 《萬法簡史》（2005），肯恩・威爾伯（Ken Wilber），心靈工坊。

Holistic 147

宇宙記憶：地球與人類的阿卡夏史前紀錄
COSMIC MEMORY
魯道夫·史坦納（Rudolf Steiner）——著
胡因夢——審修、默然——譯

出版者—心靈工坊文化事業股份有限公司
發行人—王浩威　總編輯—徐嘉俊
執行編輯—趙士尊　封面設計—高鍾琪
內頁排版—龍虎電腦排版股份有限公司
通訊地址—10684 台北市大安區信義路四段 53 巷 8 號 2 樓
郵政劃撥—19546215　戶名—心靈工坊文化事業股份有限公司
電話—02）2702-9186　傳真—02）2702-9286
Email—service@psygarden.com.tw　網址—www.psygarden.com.tw

製版·印刷—彩峰造藝印像股份有限公司
總經銷—大和書報圖書股份有限公司
電話—02）8990-2588　傳真—02）2290-1658
通訊地址—248 新北市新莊區五工五路二號
初版一刷—2022 年 1 月　初版四刷—2023 年 11 月
ISBN—978-986-357-234-3　定價—330 元

COSMIC MEMORY, by Rudolf Steiner
THE LORD'S PRAYER–An Esoteric Study, by Rudolf Steiner
Public Domain

The Truth about Rudolf Steiner, by Ralph White,
Copyright © 2018 Ralph White, www.ralphwhite.net

All Right Reserved

國家圖書館出版品預行編目資料

宇宙記憶：地球與人類的阿卡夏史前紀錄 / 魯道夫·史坦納（Rudolf Steiner）—著，
默然—譯 . -- 初版 . -- 臺北市：心靈工坊文化事業股份有限公司，2022.01
面；　公分
譯自：Cosmic Memory
ISBN 978-986-357-234-3（平裝）

1.CST ：靈修

192.1　　　　　　　　　　　　　　　　　　　　　　　　　110022816

心靈工坊 書香家族 讀友卡

感謝您購買心靈工坊的叢書，為了加強對您的服務，請您詳填本卡，
直接投入郵筒（免貼郵票）或傳真，我們會珍視您的意見，
並提供您最新的活動訊息，共同以書會友，追求身心靈的創意與成長。

書系編號— Holistic 147　　　　書名—宇宙記憶：地球與人類的阿卡夏史前紀錄

姓名＿＿＿＿＿＿＿　是否已加入書香家族？ □是 □現在加入

電話 (O)＿＿＿＿　(H)＿＿＿＿＿　手機＿＿＿＿

E-mail＿＿＿　生日　年　　月　　日

地址 □□□＿＿＿＿＿＿＿＿

服務機構＿＿＿＿　職稱＿＿＿＿

您的性別—□1.女 □2.男 □3.其他

婚姻狀況—□1.未婚 □2.已婚 □3.離婚 □4.不婚 □5.同志 □6.喪偶 □7.分居

請問您如何得知這本書？
□1.書店 □2.報章雜誌 □3.廣播電視 □4.親友推介 □5.心靈工坊書訊
□6.廣告DM □7.心靈工坊網站 □8.其他網路媒體 □9.其他

您購買本書的方式？
□1.書店 □2.劃撥郵購 □3.團體訂購 □4.網路訂購 □5.其他

您對本書的意見？
□ 封面設計　1.須再改進 2.尚可 3.滿意 4.非常滿意
□ 版面編排　1.須再改進 2.尚可 3.滿意 4.非常滿意
□ 內容　　　1.須再改進 2.尚可 3.滿意 4.非常滿意
□ 文筆／翻譯 1.須再改進 2.尚可 3.滿意 4.非常滿意
□ 價格　　　1.須再改進 2.尚可 3.滿意 4.非常滿意

您對我們有何建議？
＿＿＿＿＿＿＿＿＿＿＿＿＿＿＿＿＿＿＿＿＿
＿＿＿＿＿＿＿＿＿＿＿＿＿＿＿＿＿＿＿＿＿

□本人同意＿＿＿＿＿＿（請簽名）提供（真實姓名/E-mail/地址/電話/年齡/
等資料），以作為心靈工坊（聯絡/寄貨/加入會員/行銷/會員折扣/等之用，
詳細內容請參閱http://shop.psygarden.com.tw/member_register.asp。

心靈工坊
PsyGarden

10684台北市信義路四段53巷8號2樓
讀者服務組　收

免　貼　郵　票

（對折線）

加入心靈工坊書香家族會員
共享知識的盛宴，成長的喜悅

請寄回這張回函卡（免貼郵票），
您就成為心靈工坊的書香家族會員，您將可以──

⊙隨時收到新書出版和活動訊息

⊙獲得各項回饋和優惠方案